上海城市治理报告
（2024—2025）

提升超大城市基层社会治理效能

陶希东　夏江旗　张友庭　苑莉莉　著

上海社会科学院出版社
SHANGHAI ACADEMY OF SOCIAL SCIENCES PRESS

上海社会科学院创新工程(第二轮)
"新发展阶段超大城市治理创新研究"团队成果

前　言

新时代以来,持续创新社会治理、优化城市治理、夯实基层治理成为国家治理体系和治理现代化的核心议题,国家出台了一系列政策,包括2013年《中共中央关于全面深化改革若干重大问题的决定》首次提出"共建共治共享"治理理念,要"加强和创新社会治理,提高社会治理水平";2015年,党的十八届五中全会提出"加强和创新社会治理""完善社会治理体系";2017年,党的十九大报告明确"要打造共建共治共享的社会治理格局";2020年,党的十九届五中全会提出要"构建网格化管理、精细化服务、信息化支撑、开放共享的基层管理服务平台";2021年,《中共中央 国务院关于加强基层治理体系和治理能力现代化建设的意见》发布,进一步明确了党建引领基层治理的路径,并明确提出"基层治理是国家治理的基石",将政策顶层设计与基层探索有机融合;2022年,党的二十大报告强调"增强党组织政治功能和组织功能",为党建引领超大城市治理提供方向,要"建设人人有责、人人尽责、人人享有的社会治理共同体"。

基层社会治理是城乡社区治理的简称,效能是基层社会治理的目标所向。习近平总书记多次强调要"提高政府效率和效能""释放积极效能",指出"我们既要坚持好、巩固好经过长期实践检验的我国国家制度和国家治理体系,又要完善好、发展好我国国家制度和国家治理体系,不断把我国制度优势更好转化为国家治理效能","健全共建共治共享的社会治理制度,提升社会治理效能"[1]。

---

[1] 陈成文:《着力提升基层社会治理效能》,《光明日报》2023年11月30日。

上海城市治理报告(2024—2025):提升超大城市基层社会治理效能

提升基层社会治理效能,是推动国家治理体系和治理能力现代化的关键一环。

在全球化浪潮中,超大城市面临着前所未有的空间重构、社会转型与结构化升级的挑战,城市治理的复杂性日益加剧。随着中国式现代化进程的加速,超大城市作为人口、资源、经济、文化活动的核心集聚地,既是国家治理体系和治理能力现代化的引擎,又是实现共同富裕的关键抓手。但超大城市治理往往面临较多问题与挑战,如利益诉求多元、空间资源配置失衡、基本公共服务不均等,尤其是基层治理面临治理资源分散、治理碎片化、治理效能欠佳等问题。切实提升基层治理效能,增强人民的幸福感、满意度和获得感,成为超大城市治理现代化的重要抓手和关键所在。实践中,也涌现出一些创新案例,如上海"15分钟社区生活圈"的规划和落实,北京"接诉即办"机制,成都"信托制物业"模式,深圳、广州"社区规划师制度"等,都在推动着基层社会治理效能的提升。虽然基层社会治理在政策和实践上的发展已经欣欣向荣,但是目前对全国基层社会治理整体效能的系统性研究相对不足。

鉴于此,本书以上海社会科学院创新工程(第二轮)"新发展阶段超大城市治理创新研究"团队的年度项目"完善社会治理体系、提升社会治理效能视野下基层社会治理的若干问题研究"为依托,选择超大城市为空间治理载体,基于对"效率""效果""效益"和"效能"的概念辨析,从理论和国内外超大城市基层治理创新实践出发,致力于研究如何有效提升超大城市基层社会治理效能这一核心问题。全书涵盖绪论、中国基层治理效能的基本理论体系建构、超大特大城市提升基层社会治理效能的经验做法、超大特大城市提升基层社会治理效能的问题与挑战、基层社区高效能应急治理的国际城市经验、提高超大特大城市基层治理效能的重大策略六大章节,通过构建治理效能的物质基础、治理价值理念(精神动力)、制度化水平(重要保障)、治理共同体运作(核心关键)和治理技术(重要支撑)的五维分析框架,结合国内和国际特色案例分析基层治理效能中存在的基层功能定位与多目标问题、基层治理幅度和资源配置问题、条块关系与基层治理负担问题、社区多主体共治的参与程度问题、社工队伍激励与治理能力问题及多系统并行的科技赋能问题等。为有效化解相关问题,提出制定清晰的基层功能定位与治理目标、科学设置基层治理单元及资源配置、以制度化建设推动基层减负增能增效、实施全过程人民民主的社会参与、提升社工队伍整体素质和能力,以及结合数字化、信息化和人工智能转型来提升基层治理数字化智能化水平等相关对策建议,以期为提升超大城市基层社会治理效能提供参考。因团队研究时间、能力水平所限,书中不免有些缺陷和不足,期望广大学术同仁和实践工作者给予包容性批评指正。

2025年1月

目　录

第一章　绪论 …………………………………………………… 001
　　第一节　研究问题的提出 …………………………………… 002
　　第二节　相关研究述评 ……………………………………… 010
　　第三节　研究设计与方法 …………………………………… 021
第二章　中国基层社会治理效能的基本理论体系建构 ………… 025
　　第一节　基层社会治理效能的界定与特征 ………………… 025
　　第二节　基层社会治理效能的影响因素分析 ……………… 035
　　第三节　基层社会高效能治理的表现和特征 ……………… 045
第三章　超大特大城市提升基层社会治理效能的经验做法 …… 053
　　第一节　人民至上 …………………………………………… 053
　　第二节　重心下移 …………………………………………… 060
　　第三节　党建引领 …………………………………………… 068
　　第四节　科技赋能 …………………………………………… 078
　　第五节　松绑减负 …………………………………………… 082
　　第六节　跨界协同 …………………………………………… 085
第四章　超大特大城市提升基层社会治理效能的问题与挑战 … 093
　　第一节　基层功能定位与多目标问题 ……………………… 093
　　第二节　基层治理幅度与资源配置问题 …………………… 102
　　第三节　条块关系和基层治理负担问题 …………………… 111
　　第四节　社区多主体共治的参与程度问题 ………………… 120

第五节　社工队伍激励与治理能力问题……………………126

　　第六节　多系统并行的科技赋能问题………………………129

第五章　基层社区高效能应急治理的国际城市经验……………135

　　第一节　注重社区化、在地化的城市韧性理念 ……………135

　　第二节　制订前瞻性的社区应急规划或计划………………138

　　第三节　建立健全应对危机的社区组织体系………………141

　　第四节　依法保障社区应急治理的多主体职责权限………144

　　第五节　培育以志愿者为主的应急社会力量………………148

　　第六节　推动社区民众学习应急技能和演练………………151

　　第七节　推动社区应急治理智能化建设……………………153

第六章　提高超大特大城市基层社会治理效能的重大策略……157

　　第一节　制定清晰的基层功能定位与治理目标……………157

　　第二节　科学设置基层治理单元及资源配置………………162

　　第三节　以制度化建设推动基层减负增能增效……………167

　　第四节　实施全过程人民民主的社会参与…………………170

　　第五节　提升社工队伍整体素质和能力……………………174

　　第六节　提升基层治理数字化智能化水平…………………176

第一章
绪 论

行政区划作为国家治理的重要资源和工具,在国家治理、城市治理、地方发展、民族团结等方面具有十分重要的功能和作用。对一个地域面积较大的国家或区域而言,行政区划体系的分层设置就成为治理有效的必然选择。一般而言,相对于中央、省(直辖市、自治区、特别行政区等)、市(地级市)等中高层政区,县、乡、街镇、居村等基层政区对夯实政党和国家的执政基础更具有根本性、基础性功效。因此,重视能够被绝大多数普通人民群众近距离感受的基层治理工作,是古今中外所有国家政府或当政者高度重视的治国理政经略,基层治理的能力、水平和效能,直接关系着国家政治社会的安全稳定和经济发展的可持续性。中国作为全球最大的发展中国家,在中国共产党的坚强领导下,从近代国家民族蒙难中迎来了全面建设社会主义现代化国家、实现中华民族伟大复兴的关键时刻,在百年未有之大变局的当下,旗帜鲜明地树立奉行大抓基层的治理导向,刀刃向内、防微杜渐、未雨绸缪、勇于改革,持续推动国家治理体系和治理能力现代化建设,提升防范化解来自国内外的各种风险挑战和不确定性危机的能力,把各种可以预见和难以预见的风险因素萌芽发现在基层、消除在基层、解决在基层,是夯实党的执政基础和维护社会稳定、国家长治久安的必然要求。因此,顺应国家经济发展方式和快速城市化进程所带来的社会整体变革,立足新时代新征程上我们碰到的各种社会问题和风险挑战,以经济最发达、人口分布最密集、社会问题最突出、创新最活跃的部分超大城市为重点,从完善社会治理体系、提高社会治理效能的新视野出发,全面审视和分析基层社会治理面临的突出问题,从而提出进一步优化基层治理效能的改革战略和实施路径,是关乎我国城市政治安全、经济繁荣、社会稳定、文化进步的一个重大战略议题，具有十分重要的理论和现实意义。本章作为绪论，从宏观角度出发，阐明本议题研究的来源、文献综述、研究框架、研究方法等，为后续专题研究做好铺垫。

第一节　研究问题的提出

县及以下的包括乡镇、街道、里坊、居村等基层社会作为国家基石和人民之所，历来是"矛盾高发地、利益交汇点、社会晴雨表、制度试验田"，在长达几千年的中国社会变迁中，其治理格局处于不断的演变过程中（县具有较强的稳定性）。新中国成立和改革开放后，随着经济社会发展，我国人口结构、居住方式等发生深刻变化，以及社会流动性加强等因素为社会管理带来了许多新挑战，基层治理格局进入相对活跃的变动时期；[①]尤其是自党的十八大以来，在习近平中国特色社会主义思想引领下，中国的社会治理出现一系列新思想新理论新方向，其中完善共建共治共享的社会治理体系、提高社会治理效能成为中国创新社会治理的崭新议题，城乡基层社会治理开始进入统筹谋划、整体推动的新阶段，治理改革进入深水区。习近平总书记指出："基层强则国家强，基层安则天下安，必须抓好基层治理现代化这项基础性工作。"[②]因此，以"完善社会治理体系、提高社会治理效能"为视角，探究分析基层社会治理面临的问题、表现及其形成原因，是进一步提高基层社会治理效能的基础和前提，对推动中国式现代化建设和中华民族伟大复兴具有重大而深远的战略意义。具体而言，之所以选择我国超大城市为对象，探求"两个新视野"下的基层社会治理问题，主要基于如下几个方面的考虑。

一、改革总方向：完善社会治理体系

马克思主义社会发展观指出，生产力决定生产关系，经济基础决定上层建

[①] 卢福营、沈费伟：《中国基层治理的空间格局：历史演变与影响维度》，《河南师范大学学报（哲学社会科学版）》2023年第5期。
[②] 转引自许建文：《"基层强则国家强，基层安则天下安"》，载共产党员网，https://www.12371.cn//2022/04/02/ARTI1648883848496929.shtml，2022年4月2日。

第一章 绪 论

筑。经济社会的内生性变革与发展,势必带来制度政策的适应性变革与创新。新中国成立以来,党中央根据不断变化的国情,适时推动国家社会关系重构的大趋势、大方向以及社会治理的主导思想,成为有效开展新时代基层社会治理若干重大问题的基本逻辑起点。

(一)从社会管理向社会治理的根本性转向

众所周知,新中国成立以来,我国在高度集权的计划经济体制基础上,建立了以国家政权为核心,国家、市场、社会三位一体的"总体性社会",国家政权对社会实行高度统一的"社会控制",单位制、人民公社制、户籍制度、阶级分类制度以及高度一元化的意识形态成为社会控制的基础性制度安排。[①] 自党的十一届三中全会国家实行改革开放以来,党中央根据全面建立社会主义市场经济体制和构建社会主义和谐社会的战略目标,为解决因经济体制、贸易体制、行政管理体制、城乡管理体制等全方位改革带来的诸多短板问题,适时将高度集中统一的社会控制思路及时转变为加强社会建设、创新社会管理的思想,明确提出把保障和改善民生放在更加突出的位置,加强和创新社会管理,正确处理改革、发展、稳定关系,团结一切可以团结的力量,最大限度增加和谐因素,增强社会创造活力,确保人民安居乐业、社会安定有序、国家长治久安。[②] 2007年,党的十七大报告在阐述以改善民生为重点的社会建设时,提出"社会管理"新概念,其核心工作主要包括社会组织管理、人口服务与管理、社会治安防控等基层工作,同时提出"要健全党委领导、政府负责、社会协同、公众参与的社会管理格局",作为应对经济体制深刻变革、社会结构深刻变动、利益格局深刻调整、思想观念深刻变化的社会制度回应。2012年,党的十八大报告延续了社会管理和社会建设的思路,提出要在改善民生和创新管理中加强社会建设,围绕构建中国特色社会主义社会管理体系,加快形成党委领导、政府负责、社会协同、公众参与、法治保障的社会管理体制。加强社会管理创新,为社会转型期推动政府管理体制和运行机制的变革指明了方向和路径。

[①] 刘金伟:《"总体性社会"结构背景下中国社会建设的特点浅析》,《理论界》2013年第9期。
[②] 《改革开放简史》,人民出版社、中国社会科学出版社2021年版,第185页。

上海城市治理报告(2024—2025)：提升超大城市基层社会治理效能

2014年,党的十八届三中全会通过《中共中央关于全面深化改革若干重大问题的决定》,宣布中国特色社会主义进入新时代,为破解发展面临的各种难题、化解来自各方面的风险和挑战,强调走更加注重系统性、整体性、协同性的全面深化改革之路,并明确提出"全面深化改革的总目标是完善和发展中国特色社会主义制度,推进国家治理体系和治理能力现代化"。其中,从改进社会治理方式、激发社会组织活力、创新有效预防和化解社会矛盾体制、健全公共安全体系等方面,就创新社会治理体制作出部署。这是国家首次提出"社会治理"概念。可见,从党的十八大到十八届三中全会,中央关于社会建设的思路发生了更加深刻全面的变化。社会管理和社会治理两者,仅一字之差,但内涵发生了质的变化,这是包括权力配置和行为方式的一种深刻的转变。党的十八届四中全会提出了"提高社会治理法治化水平"的新要求。[1] 2015年10月,党的十八届五中全会把社会治理列入国民经济和社会发展"十三五"规划的远景目标,并提出了"构筑全民共建共享的社会治理格局"的新思路、新目标。[2] 党的十九大报告明确提出：到2035年,我国现代社会治理格局基本形成,社会充满活力又和谐有序;到21世纪中叶,我国社会文明将全面提升,人们将享有更加幸福安康的生活。至此,改变传统的社会建设与社会管理思路,全面推进多元主体共同参与的社会治理上升为国家战略,作为国家治理体系和治理能力现代化的重要组成部分,成为全国各地进行社会建设、开展社会制度创新的重大行动指南和战略任务。

(二)确立完善社会治理体系的改革主线

社会建设是一个涉及组织、制度、政策、管理等多要素的系统工程,其中,社会管理或社会治理是社会建设的一个重要维度,这一点在党的十八大以来的中央诸多重大政策文件中得到了很好的体现。但纵观这些文件中关于社会治理的内容论述发现,社会治理在社会建设、国家治理中到底处于一个什么样

---

[1] 《中共中央关于全面推进依法治国若干重大问题的决定》,载中华人民共和国中央人民政府网,http://www.gov.cn/zhengce/2014-10/28/content_2771946.htm,2014年10月28日。

[2] 梁利华：《近十年社会治理研究的脉络与展望》,《中南民族大学学报(人文社会科学版)》2023年第9期。

第一章 绪 论

的位置、发挥什么样的功能,始终是一个变动不定的命题,有时候用"社会治理格局",有时候用"社会治理体制",有时候用"社会治理体系",但最终还是落在了"完善社会治理体系"这一改革主线上,这反映了党中央对社会治理规律认识的不断提高、深化和明晰。国家的这一政策语义变化过程表现如下:从党的十八届三中全会通过的《中共中央关于全面深化改革若干重大问题的决定》提出"创新社会治理体制",到党的十八届五中全会通过的《中华人民共和国国民经济和社会发展第十三个五年规划纲要》设立单篇"加强和创新社会治理"作出部署,并明确"完善社会治理体系"(此文件中依然采用"完善党委领导、政府主导、社会协同、公众参与、法治保障的社会治理体制"的提法)、"完善社会信用体系"、"健全公共安全体系"、"建立国家安全体系"四大任务;[1]到党的十九大报告提出"打造共建共治共享的社会治理格局。加强社会治理制度建设,完善党委领导、政府负责、社会协同、公众参与、法治保障的社会治理体制,提高社会治理社会化、法治化、智能化、专业化水平";到党的十九届四中全会通过的《中共中央关于坚持和完善中国特色社会主义制度 推进国家治理体系和治理能力现代化若干重大问题的决定》提出,社会治理是国家治理的重要方面,"必须加强和创新社会治理,完善党委领导、政府负责、民主协商、社会协同、公众参与、法治保障、科技支撑的社会治理体系,建设人人有责、人人尽责、人人享有的社会治理共同体";党的十九届五中全会审议通过的《中共中央关于制定国民经济和社会发展第十四个五年规划和二〇三五年远景目标的建议》明确提出,要"完善社会治理体系,健全党组织领导的自治、法治、德治相结合的城乡基层治理体系","加强和创新市域社会治理,推进市域社会治理现代化";到2022年党的二十大报告再次提出"完善社会治理体系","健全共建共治共享的社会治理制度","建设人人有责、人人尽责、人人享有的社会治理共同体"。至此,"完善社会治理体系"成为中国加强和创新社会治理的首要任务和核心主题。

---

[1] 《中华人民共和国国民经济和社会发展第十三个五年规划纲要》,载新华网,http://www.xinhuanet.com//politics/2016lh/2016-03/17/c_1118366322_18.htm,2016年3月17日。

二、治理新目标：提升社会治理效能

党的十八大以来，党带领人民在加强和完善国家治理上取得了历史性成就。进入新发展阶段，为更好应对各种风险挑战、赢得战略主动，更好满足人民对美好生活的新期待，推动党和国家事业蓬勃发展，以习近平同志为核心的党中央审时度势，提出了"必须进一步坚持和完善中国特色社会主义制度、推进国家治理体系和治理能力现代化，着力提升国家治理效能"的重大战略议题，国家治理效能成为国家治理体系和治理能力现代化建设的核心议题。习近平总书记指出："要强化制度执行力，加强制度执行的监督，切实把我国制度优势转化为治理效能。"[1]党的十九届五中全会通过的《中共中央关于制定国民经济和社会发展第十四个五年规划和二〇三五年远景目标的建议》将"国家治理效能得到新提升"作为今后5年我国经济社会发展的主要目标之一，并把"社会治理特别是基层治理水平明显提高"作为提高国家治理效能的重要任务和路径，这表明社会治理特别是基层治理成为未来一段时间国家治理效能实现新提升、取得新突破的关键领域。[2] 2020年，习近平总书记在吉林省长春市宽城区团山街道长山花园社区党群服务中心考察时指出，"一个国家治理体系和治理能力的现代化水平很大程度上体现在基层。基础不牢，地动山摇。要不断夯实基层社会治理这个根基。提高社区治理效能，关键是加强党的领导。"[3]2022年，党的二十大报告再次指明："要完善社会治理体系，健全共建共治共享的社会治理制度，提升社会治理效能，畅通和规范群众诉求表达、利益协调、权益保障通道，建设人人有责、人人尽责、人人享有的社会治理共同体。"[4]可见，在中国式现代化进程中，顺应国内外环境变化的新趋势、

---

[1] 靳诺：《把我国制度优势更好转化为国家治理效能》，《人民日报》2021年1月13日。
[2] 同上。
[3] 《习近平谈社区治理：提高社区效能的关键是加强党的领导》，载新华社微博，https://weibo.com/1699432410/4530151591249656，2020年7月24日。
[4] 习近平：《高举中国特色社会主义伟大旗帜 为全面建设社会主义现代化国家而团结奋斗——在中国共产党第二十次全国代表大会上的报告》，载求是网，http://www.qstheory.cn//yaowen/2022-10/25/c_1129079926.htm，2022年10月25日。

新挑战,着力优化完善国家治理体系,着力提升社会治理效能,是全面实现国家治理体系和治理能力现代化的重大改革任务,也是新时代新征程上中国社会治理创新的崭新目标。

三、改革新路径:基层治理现代化

基层强则国家强,基层安则天下安。社会稳定和长治久安是社会治理的总目标,但是重在基层,包括县(区)以下的广大乡镇、街道、居村等治理单元。党的十八大以来,以习近平同志为核心的党中央高度重视党建引领的基层治理工作。2019年,中央出台《关于加强和改进城市基层党的建设工作的意见》,对城市基层党的建设提出明确要求,习近平总书记强调要夯实社会治理基层基础,推动社会治理重心下移,构建党组织领导的共建共治共享的城乡基层治理格局。经过近几年的努力,城市基层党建系统建设、整体建设理念深入人心,各地着力做强街道、做优社区、做实系统、做活治理,初步构建起区域统筹、条块协同、上下联动、共建共享的严密组织体系和工作运行机制,推动城市各领域基层党组织同向而行,凝聚起强大组织力、行动力、战斗力,特别是在新冠疫情防控中经受了考验、发挥了作用、彰显了价值。[①] 2021年4月,《中共中央 国务院关于加强基层治理体系和治理能力现代化建设的意见》强调,"基层治理是国家治理的基石,统筹推进乡镇(街道)和城乡社区治理,是实现国家治理体系和治理能力现代化的基础工程",并就加强基层治理体系和治理能力现代化建设提出若干意见。党的二十大立足"夯实国家安全和社会稳定基层基础",强调围绕"扎实推动共同富裕",树立"坚持大抓基层的鲜明导向","推进以党建引领基层治理",要"深入群众、深入基层,采取更多惠民生、暖民心举措,着力解决好人民群众急难愁盼问题",为新发展阶段加快推进基层治理体系和治理能力现代化明确了指导思想和行动指南。2023年,中共中央党史和文献研究院编辑的《习近平关于基层治理论述摘编》一书,系统阐释

[①] 《坚持系统建设整体建设 奋力开创城市基层党建引领基层治理新局面——党的十八大以来城市基层党建工作综述》,载中华人民共和国中央人民政府网,https://www.gov.cn/xinwen/2021-06/17/content_5618864.htm,2021年6月17日。

了习近平总书记有关基层治理的一系列重要论述,立意高远、内涵丰富、思想深刻,对于不断健全党组织领导的自治、法治、德治相结合的城乡基层治理体系,实现基层治理体系和治理能力现代化提供了根本遵循。① 可见,着力推动党建引领的基层治理现代化、切实提高基层治理效能,是实现国家治理体系和治理能力现代化、全面推动中国式现代化行稳致远的根本保障。

四、治理新诉求：人民城市与美好生活

正确处理政党组织和人民群众之间的关系,是国家治理现代化题中的应有之义。现代化的本质是人的现代化。一种现代化模式能否持续发展、行稳致远,关键要看能否充分尊重人民的主体性地位,能否满足人民群众对美好生活的期待,能否顺应人民对文明进步的渴望。"中国共产党领导人民打江山、守江山,守的是人民的心",党的二十大报告提出,坚持以人民为中心的发展思想,是中国式现代化必须牢牢把握的一条重大原则。在中国式现代化的历史进程中,中国共产党始终坚持把人民对美好生活的向往作为现代化建设的出发点和落脚点。历史和现实都已经表明,把人民群众摆在更加突出的重要位置,更加注重中国现代化建设的人民性、公共性,让人民群众过上更加美好的生活,在不断实现共同富裕中推动中华民族伟大复兴,是新时代新征程上中国共产党带领全体人民建设社会主义现代化国家的行动指南。

人是城市的核心,人民性是人民城市的根本属性。乡镇、街居等基层单元是人民群众生活居住的主要阵地,让人民群众过上更加幸福美好的生活,也是城市建设和基层治理的出发点和落脚点。2023年11月末12月初,习近平总书记在上海考察时强调,全市党员干部务必以"时时放心不下"的责任感抓实抓好民生改善和城市治理,城市建设"要体现社会主义现代化的鲜明特征和人民城市的本质属性"。② 因此,遵循人民城市的新理念新要求,面向广大人民群众生活居住的基层空间单元,切实走好群众路线和全过程人民民主,围绕

---

① 中共中央党史和文献研究院编:《习近平关于基层治理论述摘编》,中央文献出版社2023年版。
② 杜尚泽、刘士安、张晓松等:《努力创造令世界刮目相看的新奇迹——习近平总书记赴上海考察并主持召开深入推进长三角一体化发展座谈会纪实》,《人民日报》2023年12月5日。

第一章 绪 论

"15分钟社区生活圈"补齐基础设施和公共服务的短板,打通人民群众生活居住的社区"最后一公里",解决好人民群众面临的各种急难愁盼问题,营造有凝聚力和向心力的社区治理共同体,在自治共治中不断提升人民群众的获得感、安全感和幸福感,让人民过上更高品质的美好生活,为新时代基层治理现代化注入新的动力。

五、治理新短板:危机和常态下基层治理的低效化

任何治理创新目标的提出,都是对现实问题的回应性改革。之所以开展社会治理效能视野下的基层治理问题研究,最主要的原因是:

首先,基层治理是党和国家治理的根基所在,任何时候都不能出大问题,正所谓"根基不牢、地动山摇";在现实层面,面对世界百年未有之大变局和中华民族伟大复兴的战略全局,以及新一轮全球产业变革和技术变革,我国社会主要矛盾发生关系全局的历史性变化,基层社会正在发生着深刻全面的变化,正日益成为国家权力运作、基层组织动员、家庭利益表达、个体诉求重申的汇集处,资源碎片化、主体分散化、客体原子化成为普遍趋势,基层社会的复杂性、多样性、不确定性都在显著增加。根据民政部发布的《2022年民政事业发展统计公报》,截至2022年底,全国基层群众性自治组织共计60.7万个,其中:村委会48.9万个,村民小组392.9万个,村委会成员215.4万人;居委会11.8万个,居民小组133.1万个,居委会成员66.3万人。全国共有社区综合服务机构和设施59.1万个,社区养老服务机构和设施34.7万个。城市社区综合服务设施覆盖率100%,农村社区综合服务设施覆盖率84.6%。

其次,随着我国的全面深化改革进入深水区、攻坚期,基层社区矛盾也呈现复杂性、叠加性等特点。[1] 受各种体制机制等方面的影响,面对快速的城市化和社会变革,基层治理面临着各种各样的现实问题、短板、压力和挑战,包括惠民政策"落不细"、为民服务"跟不上"、群众意见"上不来"等难题,[2]基层负担过重,

---

[1] 孙璐:《城市基层党建引领社区治理:动力、实践逻辑和行动指向》,《行政与法》2023年第12期。
[2] 田宇:《以基层党建强化基层治理》,《新华每日电讯》2023年12月27日。

形式主义盛行,少数干部产生拈轻怕重、躺平甩锅、敷衍塞责、得过且过等消极现象等,使得基层治理的效能并没有得到真正的提升。特别是在2019年暴发新冠疫情后的三年抗疫中,尽管更凸显了城乡基层社区在重大公共危机治理中的特殊重要性和创新性,但同时也暴露了基层治理中存在的诸多短板和不足,亟待强化基层应急治理体系和治理能力现代化建设。因此,根据常态治理和非常态应急治理中基层治理面临的各种低效问题,迫使我国的基层治理需要进行更大力度的改革创新与优化完善,不断提升基层治理的科学化、精准化、智能化水平,以便为实现国家治理体系和治理能力现代化目标打下坚实的基础。

第二节 相关研究述评

一、基层社会治理的国外研究动态与述评

实际上,基层社会治理是一个具有中国特色的概念,按照这样的话语进行国外文献的查阅,对应的研究十分有限。关于基层社会治理,国外最对应的同类研究应该是社区治理(Community governance)。因此,本报告在深入开展我国超大城市基层社会治理问题之前,先以城市为观察场域,围绕"Community governance"核心议题,对国外近年来的基层社区治理研究情况作出归纳和述评,为我们吸收借鉴国际基层治理经验、开展国际学术理论对话等打下基础。

通过综合查阅发现,国际学术界对社区治理的研究成果十分丰富。例如,通过"CALSH"查询发现,截至2023年12月30日,题目中含有"Community governance"的论著共有1 196篇文献,成果十分丰富,通过分析近10年文献(700多篇)发现,国外基层治理的议题涉及30多个领域,主要分布在社区治理(196篇)、社会治理(36篇)、城市社区(34篇)、农村社区(17篇)、社会组织(17篇)、社区教育(14篇)、协同治理(14篇)、社会资本(13篇)、市民社会(2篇)等方面,政治学、社会学、心理学、公共管理学等多学科共同研究,发达国家和发展中国家均有研究案例。近年来,围绕风险防范,韧性社区治理成为西方学术界关注和研究的一个热点。通过"KES昆廷外文资源系统"查阅

第一章　绪　论

发现,截至2023年12月30日,题名中含有"Community governance"的研究成果1 596篇,研究领域十分广泛多元。截至2023年12月30日,通过"外文发现"系统查询发现,题名中包括"Community governance"的文献更是高达2 747篇。可见,社区治理是国际学术界始终关注和持续研究的一个热点问题,其中也有很多中国学者发表的大量关于中国城市社区治理的研究成果。笔者通过重点分析国外学者文献、典型核心文献、近10年文献成果等方式,对国外社区治理的研究动态作如下归纳和述评。

（一）研究主要动态

1. 理论基础研究

国外社区治理的研究起始于对治理理论的探讨。自20世纪90年代以来,学者们开始关注社区治理的理论基础,包括对社区治理的概念(德国社会学家滕尼斯、美国芝加哥学派代表帕克、日本社会学家横山宁夫、道特森等学者都提出过不同的社区概念[①])、特征、原则等进行了深入探讨[②],强调治理主体多元化、合作与互动的重要性等。国外学者普遍认为,社区治理是指政府、社会组织、居民等多元主体通过协商、合作等方式,共同参与社区公共事务的管理和服务。[③] 社区治理具有多主体、多层次、网络化的特征,应遵循民主、公平、开放和效率的原则。[④] 例如,理查德·黑克斯(Richard Heeks)在《信息时代的政府再造》[⑤]一书中指出,社区治理是一种公共部门与社区居民、社会组织等多元主体共同参与公共事务的决策和执行过程,当人类处于信息时代时,信息技术和信息系统在公共部门变革中发挥越来越大的作用,对社区治理改革也会注入新的动力和支撑,但也要防治技术乌托邦主义的幻想,如果要想IT驱动

[①] 丁丁:《国内外城市社区治理相关研究综述》,《天水行政学院学报》2015年第2期。
[②] Michael Clarke and John Stewart, "The Local Authority and the New Community Governance", *Local Government Studies*, 1994.
[③] Robyn Eversole, "Community Agency and Community Engagement: Re-theorising Participation in Governance", *Journal of Public Policy*, 2011, p.51.
[④] Bregje Van Veelen, "Negotiating Energy Democracy in Practice: Governance Processes in Community Energy Projects", *Environmental Politics*, 2018, p.644-665.
[⑤] Richard Heeks (Ed.), *Reinventing Government in the Information Age: International Practice in IT-Enabled Public Sector Reform*, London: Routledge, 1999.

的改革得到有效实施,必须通过官僚体制的权力下放来增强当地社区和个人的权能。这些理论主张的提出,为后续的社区治理实践提供了重要指导。

国外学者还对社区治理的合法性、有效性和可持续性进行了探讨。他们认为,社区治理的合法性来源于居民的认同和支持;有效性表现为社区公共服务的供给水平、居民满意度和社区凝聚力;可持续性则需要考虑治理资源的可持续利用和社会资本的积累。这些研究为评估社区治理效果提供了重要的理论依据。

2. 社区治理模式研究

随着时代的发展,传统社区治理模式面临着越来越多的问题,如治理效率低、参与度不足、应对复杂问题的能力弱等。因此,国外学者对不同国家和地区的社区治理模式进行了深入的比较研究。[①] 他们发现,不同国家和地区的社区治理模式存在差异,这主要源于各国的政治制度、文化传统和社会经济发展水平等因素的影响。[②] 一些学者积极探索新的社区治理模式,如社区合作治理模式、公共—私人合作治理模式等。[③] 这些模式吸收了新的理念和方法,更加强调社区居民的参与和自治,以提高社区治理的效率和效果。

美国作为发达国家的代表,其社区治理模式强调居民的参与和自我管理。美国社区的特点是组织化程度较高,居民通过各种社会组织参与社区公共事务的管理和服务;政府在社区治理中发挥引导和支持的作用,但并不直接干预社区事务。这种模式有利于激发居民的积极性和创造力,促进社区的自我发展和自我完善。

欧洲国家的社区治理模式则倾向于政府与社会组织的合作。欧洲国家一般具有较为完善的公共服务体系和社会福利制度,政府在社区治理中发挥着主导作用。同时,社会组织和个人也积极参与社区公共事务的管理和服务,形

---

① Ningthoujam Irina, "Community Participation and Governance in North-East India", *The Indian Journal of Public Administration*, 2016, pp.506-515.

② Kenneth A. Armstrong, "The Character of EU Law and Governance: From 'Community Method' to New Modes of Governance", *Current Legal Problems*, 2011, pp.179-214.

③ Chang-Ki Kim and Jae-wook Jung, "Building the Governance between the Public and Private Sectors for the Success of Community Welfare Alliance: Centering on the Analysis of AHP", *The Journal of the Korea Contents Association*, 2009, p.262.

成了政府与社会组织合作的治理模式。这种模式有利于整合社会资源,提高公共服务的质量和效率。

亚洲国家的社区治理模式则具有较大的差异。日本和新加坡等国家的社区治理注重专业化和精细化。政府在社区治理中发挥着规划、指导和管理的作用,同时通过引进专业化的社会组织和服务机构,为居民提供高质量的公共服务。这种模式有利于提高社区治理的专业化水平,满足居民日益增长的多样化需求。

国外学者还对不同模式的优势和不足进行了比较分析[1],为各国完善社区治理提供了有益的借鉴。他们认为,不同模式的转换和融合将是未来社区治理的发展趋势。各国应根据自身实际情况,选择适合的社区治理模式,并不断进行改革和创新,以适应社会发展的需要。

3. 社区治理评估研究

在社区治理的实践中,如何评估治理效果是一个重要的问题,也是国外研究的热点之一。国外学者从不同角度出发,提出了多种评估指标和方法,对社区治理效果进行了深入的探讨。目前,国外社区治理评估的研究主要集中在社区治理指标体系的建立和优化、不同领域社区治理的绩效评估等方面,旨在为提升不同类型社区的治理效能提供努力的方向和行动指南。其中,社区治理评估指标的设计和制定方面,国外学者引用了大量的理论依据,如新公共管理理论、社区发展理论和社会资本理论等,结合实际情况构建了多种评估指标体系,并对这些指标进行了权重赋值和标准化处理。目前针对的主要指标涉及社区参与度、治理能力、民主决策机制等方面,同时在探索如何通过质量、效果和民主性等因素对社区治理的评估进行全面、客观的分析。[2] 在不同领域社区治理的绩效评估等方面,既有社区服务供给的评价,[3] 又有社区管理绩效

---

[1] Yang Yang, "Study of Improving the Community Governance Mode by Constructing the Demand Ways for the Rational Public Opinion", *Open Journal of Political Science*, 2015, pp.311-315.

[2] Patria de Lancer Julnes and Derek Johnson, "Strengthening Efforts to Engage the Hispanic Community in Citizen-Driven Governance: An Assessment of Efforts in Utah", *Public Administration Review*, 2011, pp.221-231.

[3] Keshav K. Acharya and Habib Zafarullah, "Community Governance and Service Delivery in Nepal: An Assessment of Influencing Factors", *Commonwealth Journal of Local Governance*, 2018.

的评价。① 例如,澳大利亚学者 Tek Narayan Maraseni 对尼泊尔、不丹、印度和缅甸 4 个国家基于社区的森林管理系统(CBFMS)进行了评价,调查结果显示:不同国家对社区治理质量以及治理优先事项的看法存在差异,针对不同指标的优先次序不尽一致,从而表现出具有显著差异的社区治理效果和效率。

(二) 简要述评

尽管笔者在此分析了近年来国外学者聚焦"社区治理"议题的若干核心文献,但实际上,国外有关基层治理的研究广泛分布于政治经济学、公共管理学、社会学、地理学、生态学等多个学科之中,内容极其丰富、观点十分多元,同时在城市当中,存有大量特色鲜明的实践治理模式。总体来看,西方国家的社区治理研究具有三个鲜明的特点:一是研究方法的多样性。国外社区治理研究在方法上呈现多样性特点。学者们综合运用文献研究、实证研究和比较研究等多种方法,对社区治理进行深入探讨。其中,实证研究方法尤为突出,通过具体案例的分析来检验理论假设,为研究提供了有力的支撑。二是治理主体的多元化。随着全球化和城市化的发展,社区治理主体呈现多元化趋势。政府、社会组织、居民等主体在社区治理中发挥着各自的作用。国外学者对这种多元化的研究,有助于打破传统的政府主导模式,推动社区治理的创新与发展。三是治理效果的可持续性。社区治理的最终目标是实现社区的可持续发展。国外学者在研究中强调治理效果的可持续性,关注如何通过有效的治理来提高社区的凝聚力、居民的参与度和福利水平,这对于推动社区的长远发展具有重要意义。

二、基层社会治理效能的国内研究动态分析

(一) 主要研究动态

基层治理是改革开放以来中国学界的主要研究主题之一,尤其是自党的十八大以来,随着党和国家对基层治理创新的重视,研究成果快速增加,研究

---

① Tek Narayan Maraseni, Nabin Bhattarai, et al., "An Assessment of Governance Quality for Community-based Forest Management Systems in Asia: Prioritisation of Governance Indicators at Various Scales", *Land Use Policy*, 2019, pp.750–761.

领域快速扩大,成为政治学、社会学、管理学、行政学等多个学科共同关注的重要热点话题。根据笔者对"中国知网"查询发现,"篇名"中含有"基层治理"的论著共有16 200篇(截至2024年1月2日),其中学术期刊发表论文8 655篇、学位论文1 405篇、会议论文236篇、报纸文章5 115篇、图书15种,研究成果可谓汗牛充栋。根据对8 000多篇期刊论文的分析,国内对基层治理的学术研究呈现如下三个显著特点:一是研究成果快速增加,尤其是党的十八大以来,全国研究成果出现井喷式增长(见图1.1),目前基层治理研究问题在中国正处于学术研究的上升时期。二是研究主题较为集中,大部分研究集中于"基层治理""基层社会治理""党建引领"等主题,与此同时,研究主题也有一定的分散性和广泛性(见图1.2)。可见,基层社会治理也是国内学术研究主要热点议题之一。三是基层社会治理效能问题是当今一个崭新的研究议题。如将"效能"和"基层社会治理"进行叠加查询时发现,"篇名"中同时含有上述两个关键词的研究成果只有24篇。可见,在"完善社会治理体系、提高社会治理效能"视野下的基层社会治理研究,是一个有待深化探索的新课题。

我国学术界对"基层治理""基层社会治理"研究的上述总体特点,决定了笔者在此所作的学术动态,不应该对浩瀚如烟的"基层治理"或"基层社会治理"进行泛泛地评述,而应紧扣本报告旨在探讨的主题——治理效能问题,对有关基层高效能治理的研究成果进行有的放矢的述评,这对全面审视和分析国内基本研究态势具有重要的价值和作用。为此,就"治理效能"与"基层社会治理""基层治理"相结合的视角来看,统揽有限的重点文献发现,主要研究领域和核心观点如下:

1. 提升基层治理效能的理论探索及基本理论逻辑

党的十八大以来,全国各地的广大基层社会,以实现国家治理体系和治理能力现代化目标为引领,突破西方所谓国家—社会之间二元对立的治理框架,探索形成了党委领导、政府负责、市场(社会)参与的有效治理模式,治理效能得到显著改善和提升。对此,我国学者开始从理论视角对基层社会治理的现实进行了概括总结,旨在得出符合中国基层治理实际的学术话

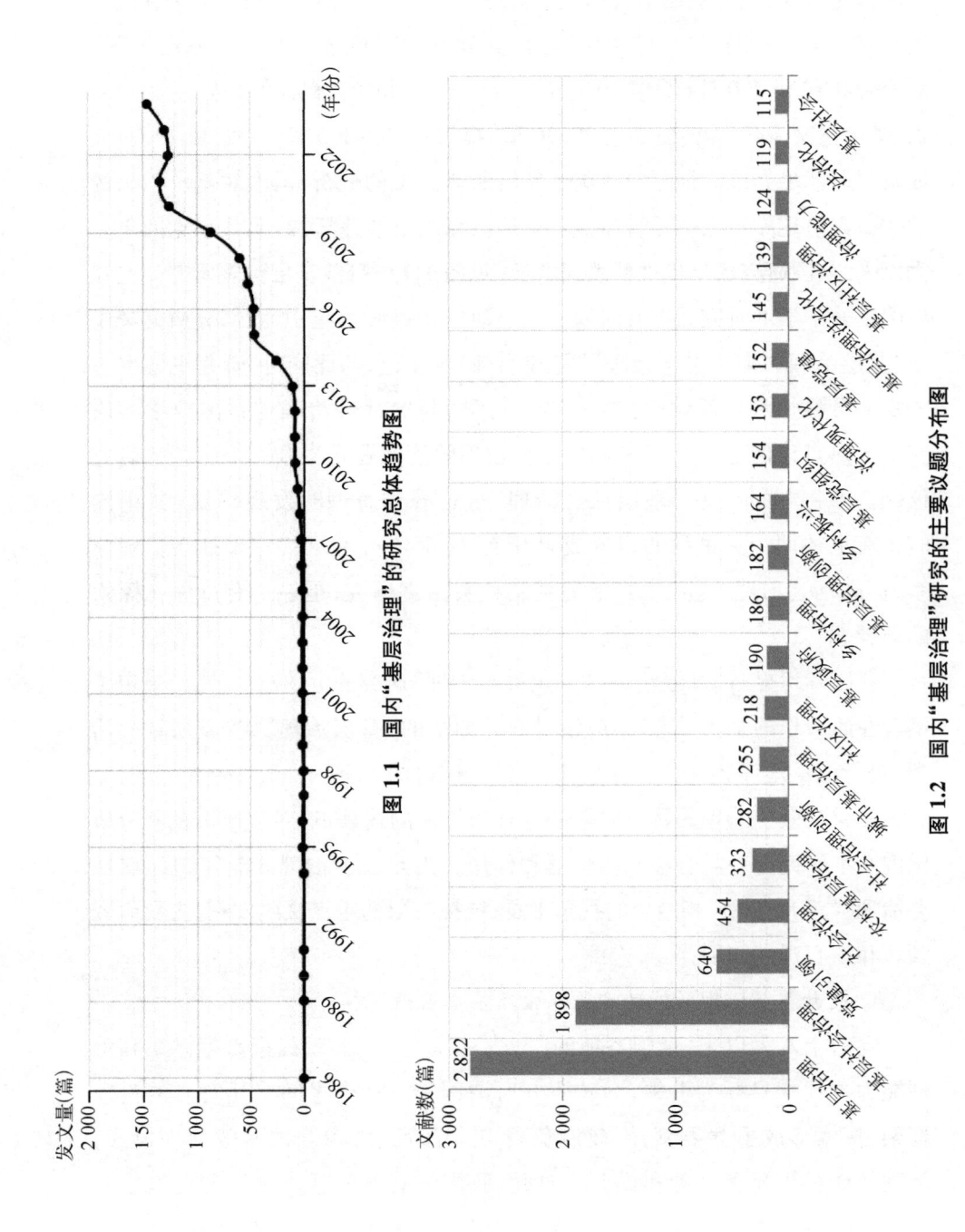

图 1.1 国内"基层治理"的研究总体趋势图

图 1.2 国内"基层治理"研究的主要议题分布图

语体系。其中,较为重要的概括理论有跨界治理①、整合型治理②、党政统合治理③、统合型联动④、统合治理⑤、和合共生⑥、统合型数字治理⑦、敏捷治理⑧等,智者见智,但统合型治理的共识性思想指的是以党组织政治统合为核心,通过组织嵌入、体制吸纳、政治势能等方式,在突破科层部门区隔、吸纳治理资源、构建治理信任、推动治理行动良性落地等方面具有独特优势,重塑政府内部条条、块块和条块间,以及政府与社会的治理关系,进而提升基层治理效能,其本质上就是一种以党委为核心,整合多主体资源、重塑多方关系、解决诸多复杂性社会问题的一种政治行动机制,也是完成跨界任务的一种总体性治理。⑨

2. 制约基层社会治理效能的影响因素研究

治理效能是新时代我国基层社会治理创新的一个新任务新目标。究竟什么因素影响着基层社会治理效能的提升？这引发了国内学者的关注和研究,提出不同的观点和主张。总体来看,普遍性问题及挑战主要表现在基层党组织建设、体制机制、干部队伍、技术治理等方面。如有研究者指出,制度、体制、组织等问题是影响城乡基层社会治理效能的主要因素,主要表现为：基层党

---

① 陶希东：《跨界治理：中国社会公共治理的战略选择》，《学术月刊》2011年第8期；陶希东：《跨界治理效能提升的路径选择》，《国家治理》2023年第16期；杨宏山、赵远跃：《权威引领与行动赋能：城市跨界治理的整合机制——基于北京城市基层治理的案例考察》，《云南行政学院学报》2023年第5期。
② 秦良芳、徐振华：《整合型治理：基层社会治理逻辑与实践路径的转换》，《党政干部学刊》2022年第12期。
③ 钟海：《党政统合治理何以助推乡村治理有效性提升？——基于陕南Z县的实证考察》，《南京农业大学学报（社会科学版）》2023年第6期。
④ 陈纪：《"统合型联动"：基层党建引领下的居民自治模式——以T市社区治理创新为例》，《行政管理改革》2022年第10期。
⑤ 何艳玲、王铮：《统合治理：党建引领社会治理及其对网络治理的再定义》，《管理世界》2022年第5期；李博、靳永翥、詹绍文：《统合治理与县域议事协调机构的运行机制创新研究——基于西北H县的案例分析》，《中国行政管理》2023年第7期。
⑥ 王湘军、康芳：和合共生：《基层治理现代化的中国之道》，《中国行政管理》2022年第7期。
⑦ 宋潇、刘克、张龙鹏：《统合型数字治理：基层治理效能提升的理论逻辑与实践机制——基于深圳市龙华区的案例研究》，《电子政务》2023年第9期。
⑧ 何得桂、王伟涛：《敏捷治理：加强和创新基层社会治理的有效路径——以陕西省S县为例》，《党政研究》2023年第3期。
⑨ 欧阳静：《政治统合制及其运行基础——以县域治理为视角》，《开放时代》2019年第2期。

上海城市治理报告（2024—2025）：提升超大城市基层社会治理效能

组织在基层社会治理中的核心作用有弱化现象，引领作用的发挥不够充分；形式主义、官僚主义作风导致社会民众的利益诉求遭遇"肠梗阻"，党和政府难以有效掌握基层社会的动态，致使在基层社会推行的很多公共服务不能得以有效施行，影响了基层社会有效治理的进程；集体经济薄弱，优秀传统文化传承受阻，难以形成新时代城乡基层社会治理共同体。① 有学者认为，"晋升锦标赛"对单一经济增长指标的过度重视，造成目标设置的激励结构扭曲，从而导致社会治理效能不彰。② 有学者认为，协同治理目标尚未形成共识、协同治理协作机制不够完善、协同治理所需要素资源亟待转化与补充等困境，是当前影响乡村基层治理效能的重要问题和挑战。③ 还有学者从数字治理的视角出发，认为乡村有效治理主要面临数字技术供需不匹配，数字技术、组织与制度的融合度不高，多元主体共建共治合力尚未形成，线上线下治理协同性不足，数字城乡融合发展水平低，数字治理与数字经济的协调性不强，数据要素治理机制不完善等关键挑战。④ 也有学者注意到，在实际工作中，广大基层干部往往因事务繁杂且任务艰巨，经常面临基层治理需求日渐多元、治理风险日渐增加等难题；同时，一些地区基层人员配备不足、督导考核任务繁重、部门权责不匹配，加之个别干部不能适应新时代的高标准严要求，很容易陷入精力、心理、能力的"疲态治理"困境。这些不仅与"全心全意为人民服务"的宗旨背道而驰，也违背了新时代全面提升基层治理现代化水平和夯实国家治理根基的要求。⑤ 还有学者认为，基层社会治理效能的强弱决定着整个国家治理体系和治理能力现代化的进程，但是目前基层社会治理普遍面临着治理手段相对落后、政治参与相对无序、治理空间相对单一等困境，阻碍了基层社会治理效能

---

① 冯留坡：《中国特色社会主义集中力量办大事的显著制度优势转化为城乡基层社会治理效能研究》，《行政科学论坛》2023年第3期。
② 袁方成、王悦：《以赛促治："达标锦标赛"如何驱动治理有效》，《公共行政评论》2023年第6期。
③ 杨泽斌：《协同治理视域下乡村基层治理困境与对策研究》，《农村·农业·农民（A版）》2023年第12期。
④ 苏岚岚：《数字治理促进乡村治理效能提升：关键挑战、逻辑框架和政策优化》，《农业经济问题》2024年第6期；陈桂生、岳喜优：《乡村数字治理效能何以提升？——基于数据、技术、平台的分析框架》，《电子政务》2024年第1期。
⑤ 乔瑞华：《基层干部"疲态治理"困境与治理效能提升路径分析》，《行政与法》2022年第11期。

的提升。①

3. 提升新时代基层治理效能的多元化路径研究

如何有效提升基层治理效能,实现治理有效这一根本目标？国内学者针对中国城乡基层社会的治理实践,围绕不同类型社区、不同基层治理议题,提出了诸多有针对性、可操作性的路径选择,②这些路径既有制度改革的路径(党建引领③、党建联建④、整体智治⑤、社区大党建⑥),也有转变治理方式(源头治理、系统治理⑦、依法治理、综合治理、协同治理)和创新运行机制(基层社会治理共同体⑧、绩效考核⑨、技术治理⑩、社会参与⑪、标准化等)等不同维度的治理选择,成为提升基层社会治理效能的集合体系。例如,有学者认为,党政统合治理是提升乡村治理效能的一套行之有效的治理方式,具有高位推进下党政部门虚实结合与权威嵌入下组织机构条块统合的组织优化逻辑、"办组系统"结构下治理资源跨层级整合与联席会议制度下治理

---

① 张叶云、叶耀源、郑碧强：《新时代文明实践中心何以提升基层社会治理效能？——基于空间生产理论的阐释》,《精神文明导刊》2023年第9期。
② 陈发桂：《新时代基层治理效能提升路径探析》,《桂海论丛》2022年第2期。
③ 钱成玉：《坚持创新引领 提升治理效能——湖北省鹤峰县基层社会治理体系探索与实践》,《人民法治》2018年第1期；深圳市委组织部：《强化整体统筹 突出平急结合 提升城市基层党建引领基层治理效能》,《中国组织人事报》2022年9月30日。
④ 魏涛：《党建联建：统合治理视角下的基层治理效能提升路径——以S省为例》,《中共杭州市委党校学报》2023年第3期。
⑤ 谭英俊、蒙晓霜：《迈向整体智治：民族地区基层治理效能提升的新趋向》,《广西师范大学学报(哲学社会科学版)》2023年第6期。
⑥ 李哲、曲庆彪：《以社区大党建提升基层治理效能》,《人民论坛》2023年第10期。
⑦ 张研：《深化系统建设整体建设 不断提升党建引领城市基层治理效能》,《人民日报》2022年6月24日。
⑧ 邹治：《乡村基层治理效能提升路径探析——基于社会治理共同体视角的审视》,《河北农业》2022年第12期；胡佳、张一钦：《基层社会治理共同体如何提升社会治理效能——基于广西12个县(区)的田野调查分析》,《长白学刊》2023年第6期。
⑨ 吴晓林、白一媚：《以考核促治理：基层治理专项考核的效能转化机制——来自四川省宜宾市的考察》,《华中师范大学学报(人文社会科学版)》2022年第5期；袁方成、王悦：《以赛促治："达标锦标赛"如何驱动治理有效》,《公共行政评论》2023年第6期。
⑩ 孟子龙、任丙强：《地方政府数字治理何以有效提升基层治理效能？——基于S市A区"一网统管"的案例研究》,《中国行政管理》2023年第6期。
⑪ 郝勇：《发挥民主党派在基层社会治理中的作用,推动多党合作制度效能转化》,《民主与科学》2022年第5期。

要素跨部门协同的资源协统逻辑、压力型体制下党政干部组织动员与政治激励机制下基层群众社会动员的激励约束逻辑。① 还有学者认为，标准具有可量化、可复制和可推广等特性，标准化可以促进基本公共服务均等化、普惠化、便捷化，在提升基层社会治理效能中具有重要作用。② 有学者基于社会系统论，构建"作为系统的社区"分析框架，依托多个案例开展模糊集定性比较分析，从资源、服务、生活、文化四个维度探讨了实现城市社区治理效能的组态路径及其内在逻辑，包括以服务供给为导向的"资源整合式"治理、以服务供给为依托的"生活互嵌式"治理、以资源整合为基础的"文化创建式"治理，以及"生活—文化"良性互动的"二元融合式"治理。③ 还有学者从基层公共服务可及性的视角研究了基层治理效能的激活机制。④

（二）简要述评

综上可见，国内学者纷纷呼应党的二十大报告提出的社会治理效能这一新问题、新战略，从不同视角出发，就如何提升基层社会治理效能进行了多维度的积极探索研究，但也存在明显的不足，即对基层社会治理效能的认识不够全面，尤其是对效果、效率、效能，以及社会治理效能的内涵、特征及其影响因素、生发机制等，并没有作出系统完整的理论阐释和学术建构，学理性分析欠佳；对全国基层社会高效能治理的典型案例和经验，缺乏准确、精练的概括总结，对制约高效能治理核心问题的分析也不够深入。这些不足和欠缺，既预示着我国基层社会治理效能议题研究的巨大发展空间，也是本报告旨在弥补和完善之处。

---

① 钟海：《党政统合治理何以助推乡村治理有效性提升？——基于陕南 Z 县的实证考察》，《南京农业大学学报（社会科学版）》2023 年第 6 期。
② 邓刚、陈彬、李婷等：《标准化在基层社会治理中的效能研究——以四川省乡镇（街道）标准化规范化便利化提升为例》，《中国标准化》2022 年第 22 期；杨秀丽：《宁夏为基层社会治理设标准定尺度》，《宁夏法治报》2022 年 11 月 9 日。
③ 凌争、曾泓凯：《城市社区治理效能的实现路径：基于社会系统论的模糊集定性比较分析》，《上海行政学院学报》2023 年第 6 期。
④ 王佃利、徐静冉：《公共服务可及性何以激活基层治理效能？》，《北京行政学院学报》2023 年第 6 期。

第三节　研究设计与方法

基层是党和政府决策落实的"最后一公里"。基层治理作为国家治理体系的重要组成部分，是社会治理的重要基石。全面提升基层社会治理效能，是实现国家治理体系和治理能力现代化的基础工程，对稳步推动中国式现代化、强国建设、民族复兴伟业具有至关重要的作用。与此同时，面对中国960万平方千米、600多个城市、3万多个街镇（包括乡）单元的广袤土地和治理空间，要想开展"完善社会治理体系、提升社会治理效能视野下基层社会治理的若干问题研究"，是一个涉及面广、空间区域大、治理要素多、差异性显著的复杂多元治理议题。如果不进行明确的边界划分，就很难得出有价值的研究结论，甚至将会失去研究的价值和意义。

一、研究对象

基层是指中央、省、直辖市、自治区等为主的高层政区和以地级市（州、盟）、县级市（县）为主的中层政区以下的小型、底层政区单元，主要包括街道、乡镇、居村等。面对中国行政区划体系的金字塔结构，很显然，基层治理涉及一个数量巨大、类型多样、差异明显的广袤治理空间。自古以来，中国基层社会治理始终是一个关乎国家安危和民众生活的重大战略议题，在历史朝代和制度的更替中不断变革。中国共产党自成立之初就非常重视基层建设，不断加强基层治理；新中国成立后，我国建立起全新的基层治理体系；改革开放后，基层治理创新不断激发社会活力，[1]尤其是党的十八大以来，开启了全面深化改革、系统整体设计推进改革的新时代。以习近平同志为核心的党中央高度重视基层社会治理问题，注重制度先行、党建引领、高位推动，引导并激发全国各地积极开展基层社会治理新实践、新探索，积累了丰富多彩的基层社会治理案例和经验，基层治理现代化水平持续提升，呈现出活力和秩序的有机统一，

---

[1] 李强：《研究总结我们党加强基层治理的探索与经验》，《人民日报》2023年12月11日。

经济快速发展和社会长期稳定,社会治理水平不断提高,我国成为世界公认的最有安全感的国家之一。①笔者以贯彻落实党的二十大精神和习近平总书记关于基层社会治理、城市治理等多维度重要论述的视角,以"完善社会治理体系、提升社会治理效能"为切入点,以"提升治理效能"为出发点和落脚点,重点聚焦我国 21 个超大特大城市(超大城市有 7 个、特大城市 14 个,重点考察以上海为重点的超大城市),深入基层一线,开展调查研究,深度解剖典型案例,旨在系统归纳总结我国超大特大城市推动基层社会治理现代化(科学化、精细化、智能化)、提升治理效能的重大举措和经验,讲好中国超大特大城市基层社会治理的故事;对生动的治理实践作出名副其实的学理分析和积极思考,分析超大特大城市进一步提升基层社会治理效能面临的重大问题和挑战;同时,在积极借鉴国际城市基层高效能治理经验的基础上,提出未来我国超大特大城市全面激活释放基层社会治理效能的重大战略选择,为进一步推进基层治理现代化、推动基层治理共同体建设提供学理和决策的共同支撑。

二、研究框架及思路

按照历史与现实相结合、国际与国内相结合、理论与实践相结合、多学科相结合的思路,重点围绕以下议题进行研究:

第一,中国基层社会治理效能的影响因素与生成机制研究。借助多学科理论,界定基层社会治理效能的基本内涵、影响因素、生成机制等,力争形成一套基层社会治理效能的理论模型和解释框架,为基层社会治理改革创新提供理论依据和行动方向。

第二,新时代中国超大特大城市基层社会治理的重大举措与经验。结合国家政策创新和地方实践创新,全面审视我国 21 个超大特大城市(以上海为重点)基层社会治理的重大新机制、新举措、新成效,以案例分析为依据,总结业已取得的诸多新经验。

第三,我国超大特大城市提升基层社会治理效能面临的新问题、新挑战。

---

① 李友梅:《为建设基层治理共同体提供学理支撑》,《人民日报》2023 年 12 月 11 日。

以社会治理效能理论模型为参照,从目标、结构、过程等关联视角出发,围绕资源整合、条块关系、治理流程、治理方法、治理人才等主题,审视分析当今我国超大特大城市基层社会治理在提高治理效能方面面临的重大新问题、新挑战。

第四,全面提升超大特大城市基层社会治理效能的战略与策略。根据前文分析得出的若干重大问题与挑战出发,在学习借鉴西方发达城市相关经验的基础上,按照总体战略、专业策略相结合的思路,结合中国式现代化要求,提出破解基层治理问题、提升治理效能的"改革之道"和"创新之术"。

三、研究方法

鉴于本报告的研究目的和议题性质,主要应用如下研究方法:

一是文献研究法。全方位查阅国内外社区治理、基层治理、治理效能等有关的最新研究成果,剖析最新理论思想和观点主张,去伪存真,合理借鉴,并在充分审视中国基层社会治理实践基础上,形成符合中国国情和基层治理场景、能够与西方理论界进行对话的理论体系、话语体系和学术体系。

二是实际一线调研法。在21座超大特大城市中,以上海为研究重点,以参与上海市委主题教育调查研究课题(市民政局)为契机,对多个街镇和居村委会进行实地走访,从而深度讲好上海基层社会治理创新及提升治理效能的生动故事,这也是本报告初衷和使命所在。

三是线上资料查阅法。除上海进行实地走访外,对其他超大特大城市,主要采用线上资料收集的方法,通过查阅各级各类权威、主流媒体平台的有关深度报道材料,对大量案例材料进行归纳和分析,发现优秀典型案例,提炼出具有概括性、总体性的中国经验和做法,分析普遍性、共同性的瓶颈和问题,得出与中国实际相符、可信可行的路径和策略。

四是案例分析法。借助线下调研的第一手材料和线上获取的大量案例报道材料,再辅以点对点调研的方式,对相关街镇、居村的基层社会治理的典型案例进行深度剖析,以案说法、以案释理,分析论证基层社会治理效能理论体系的合理性、可行性。

第二章
中国基层社会治理效能的基本理论体系建构

党的十八大以来,中国的社会治理创新呈现出治理重心下移(基层导向),努力构建富有活力和效率的新型基层社会治理体系,持续提升社会治理总体效能的新要求、新趋势。习近平总书记提出,要"善于运用先进的理念、科学的态度、专业的方法、精细的标准提升社会治理效能","提高社会治理社会化、法治化、智能化、专业化水平",这为构建新型基层治理体系,提升社会治理效能指明了方向。[①] 但从学理层面看,尽管学术界对基层社会治理效能有很多研究成果,但还没有形成统一的共识性看法。因此,为了推动理论创新及其与实践的紧密结合,本章从理论层面出发,面对复杂多元的基层治理场域,旨在构建一套富有中国特点、能够开展国际对话的基层社会治理效能的理论体系,为"提高基层治理效能"的政策落地提供必要的理论指导和政策决策支撑。

第一节 基层社会治理效能的界定与特征

一、效能的多学科界定与内涵

从党的二十大报告来看,关于"效能"的提法分布在国家治理、国家创新体系、科技投入、国际传播、社会治理、军事系统运行等多方面,"效能"有着广泛的

---

① 刘凯鹏:《推进基层治理体系和治理能力现代化——学习〈习近平关于基层治理论述摘编〉》,《中国纪检监察报》2024年1月4日。

经济、政治和文化意义。① 不同行业从不同角度对效能的解释不同,最基本的解释是：系统达到一组具体任务要求的程度,或者说达到设定目标的程度。② 但总体来看,效能是一个与效率、效果、效益等概念有紧密关联性的概念,所以,在界定基层社会治理效能定义之前,有必要对效率、效果、效益等基本概念及其关系加以梳理和分析,同时对不同学科、不同领域有关效能问题的研究情况做一些拓展性研读,以便为科学、全面、准确地界定基层社会治理效能打下坚实的基础。

（一）效率、效果、效益、效能的初步辨析

这些同类相关概念是一组在私人领域、公共领域、第三领域都被谈及和使用的话语,但到底各自具有什么样的内涵,尚没有非常权威的解释和说法。在日常生活和工作中,人们经常会把效率与效能混为一谈。目前,这些概念大多存在于经济学、管理学话题的讨论中,界定也不尽相同,如管理大师彼得·德鲁克曾指出,效率是"以正确的方式做事",而效能则是"做正确的事"。对此,加拿大学者贾尼丝·格罗斯·斯坦在《效率崇拜》一书中提出,"efficiency"（效率）、"effectiveness"（效益）、"efficacy"（效力）皆来源于拉丁语动词"efficere"。这个词包含了效率的各个维度,并未脱离大语境而集中在单一方面。"efficere"从拉丁语翻译过来的意思是"带来改变,实现目的,产生效果"。只有在现代我们才会把效益、效力和效率分开,必然的结果是：我们的公共讨论变得断裂而贫乏。③ 笔者在借鉴多学科研究成果的基础上,试图对上述几个概念进行分析,以期先厘清其各自的话语边界和内涵。

1. 效率

关于效率的解释,因不同的情境而有所不同,比如机械效率、热效率、生产效率、配置效率、工作效率等。经济学对此也不存在统一明确的定义,按照经济学主要研究稀缺资源分配的学科属性,决定了其在讲效率的时候,主要想表

---

① 赵菁奇、金露露、张文君：《科技自立自强视域下国家创新体系效能建设与提升——以长三角区域为例》,《华东经济管理》2024年第1期。
② 刘志：《基于效能评价的高密度山地城市空间布局优化研究——以重庆市渝中半岛为例》,重庆大学博士学位论文,2020年。
③ [加]贾尼丝·格罗斯·斯坦：《效率崇拜》,杨晋译,南京大学出版社2020年版,第9页。

第二章　中国基层社会治理效能的基本理论体系建构

达某个经济单位的成本收益及整个社会经济运行的状况;更准确地说应该是经济效率,即在一定经济成本基础上所能获得的经济收益抑或指在单位时间里完成的工作量,以最小的成本或资源消耗实现最大化的产出和价值;也表示一种资源配置的状态,即帕累托效率(Pareto efficiency),也称为帕累托最优(Pareto Optimality),是指资源分配的一种理想状态,假定固有的一群人和可分配的资源,从一种分配状态到另一种分配状态的变化中,在没有使任何人境况变坏的前提下,使得至少一个人变得更好,这就是帕累托改进或帕累托最优。从管理学角度来讲,效率是指单位时间内完成的工作量或投入与产出的比率,它反映了组织或个人在一定时间内完成任务的能力和效果。效率通常与产出成正比,与投入成反比,即效率越高,产出越大,而投入的成本、时间和资源等越少。通俗地讲,效率指在日常工作中,在进行某任务时,取得的成绩与所用时间、精力、金钱等的比值。产出大于投入,就是正效率;产出小于投入,就是负效率。[①] 管理学的效率通常可以通过各种指标来衡量,如生产率、作业率、工作效率等。提高效率是管理者追求的重要目标之一,因为高效率意味着资源的有效利用和生产成本的降低,从而能够提高组织的竞争力和赢利能力。加拿大学者贾尼丝·格罗斯·斯坦在《效率崇拜》一书中,介绍了效率这个概念的思想演变史(包括人体生理学、经济学等),作者从柏拉图写到亚当·斯密和边沁,用通俗易懂的语言阐述了这些伟大思想家对效率的定义(如在柏拉图的设想中,效率的目的就是道德:效率是政府通过理性而实现的美德,效率的目的就是美德和公正),并围绕公共教育、全民医保、非政府组织参与社会治理等生活方方面面的现实议题,对人类社会不合理的"效率崇拜"现象进行了大胆的质疑。他认为,根据作者意思,按照正确的理解,效率指的是尽可能地利用稀缺的资源以实现有价值的目标,其重要性毋庸置疑,在公民和他们的政府进行的更大规模的公共讨论中,效率不过是一部分而已。它本身不是目的,而是用来实现有价值目的之方式;它不是目标,而是达到其

[①] 李志民:《效率、效果、效能和效益的区别》,载中国教育信息化网,https://web.ict.edu.cn/2021/zmhhs_0528/78767.html,2021年5月28日。

他目标的工具;它不是价值,而是获得其他价值的方法。它是故事的一部分,但绝不是全部。当效率本身成为目的所在,被赋予固有价值,而且被奉为公共生活中首要目标的时候,效率崇拜就形成了。[①] 据此反观当今我国外卖快递员被平台 AI 智能算法驱使导致的人员伤亡、交通违法等现象,在一定程度上说明我们也生活在一个效率崇拜的社会中。

2. 效果

效果是指在给定的条件下由某种原因或行为产生的有效的结果(系统性和单一性的),通俗的理解为是指某项活动或行为所产生的具体结果或影响。围绕效果这一概念的英语词源阐释有"effects"和"influence",主要关注的是作为个体和群体的受众在知识、态度、意见和行为等层面对某一事物的反应,涉及接受、认同与情感评价。在某种程度上,效果表现为一种具有人文价值取向的"公民话语",是社会所有成员广泛参与公共生活的表征,具有极强的社会应用和现实批判价值。[②] 在不同的领域和学科中,效果的定义有所不同,但通常均涉及目标实现、结果好坏以及影响程度等方面的内容。例如,在管理学的范畴中,效果通常是指一项工作或任务的完成情况,包括工作成果、工作效率和工作效益等方面的表现。

3. 效益

一般而言,效益是指某项行动、决策或政策所产生的利益或好处,通常涉及经济、社会、环境等多个方面。具体来说,效益可以包括经济方面的收益或利润,如增加销售额、减少成本、提高利润等;可以是社会方面的利益,如改善社会福利、提高公共服务、提升生活质量等;可以是个体层面的利益,如个人能力的提高、职业发展、健康改善等;也可以是劳动(包括物化劳动与活劳动)占用、劳动消耗与获得的劳动成果之间的比较;还可以是项目对国民经济所作的贡献,包括项目本身得到的直接效益和由项目引起的间接效益或者项目对国民经济所作的贡献。在管理活动中,如果劳动成果大于劳动耗费,则具有正效

---

① [加]贾尼丝·格罗斯·斯坦:《效率崇拜》,杨晋译,南京大学出版社 2020 年版,第 10 页。
② 吴赟、潘柳叶:《对外翻译效果研究:概念、机制与评估》,《外语与外语教学》2023 年第 4 期。

益;如果劳动成果等于劳动耗费,则视为零效益;如果劳动成果小于劳动耗费,则产出负效益。人们通常意义上所说的效益好坏其实是指正效益。①

4. 效能

效能是一个大概念,是对效率、效果的概括性、综合性评价,是指使用行为目的和手段方面的正确性与效果方面的有利性。衡量效能的依据是效率、效果、效益,主要指办事的效率和工作的能力,是指有效的、集体的效应,是衡量工作成果的尺度。效能反映了所开展活动目标选择的正确性及其实现的程度。有学者认为效能就是在一定目标下,效率的不断累积,即"效能=效率×目标"。也就是说,系统不能只追求效率,因为效率高并不代表目的已经实现,一定是在有了目标的情况下,再通过效率的不断提高,才能达到目的。所以说,效能最根本的内涵是,只有将效率高低的现实性指标、效率提升的潜在性指标两大方面进行综合加权计算,才能够得出效能高低的综合性判断。②

综上可见,效率、效益、效果、效能等几个概念之间既相互联系,又明显区别。其中,效能是一个综合性概念,在一定程度上包含了效率、效益、效果的基本含义,确保一项行动或工作在正确的目标引领下,最大限度地实现价值。在此,对效率和效能之间的关系进行补充分析。效率是从具体工作层面考虑的,其本质就是单位时间里完成的工作量,关注做事方法的合理性,没有固定的工作量或者说大致确定的工作量就无法谈及效率问题;而效能则是从整体效果的角度考虑的,关注做事方法的正确性。与效率相比,效能是指目标(更可能是中长期目标)的达成度(成效),评估维度是"做正确的事情",而正确的事情往往是一种价值观的衡量标准,并且需要一段时间来验证。简言之,效率实际上是为效能服务的,但高效率并不一定代表高效能;高效能必须要有高效率的支持;高效能一定是高效率的。③

---

① 李志民:《效率、效果、效能和效益的区别》,载中国教育信息化网,https://web.ict.edu.cn/2021/zmhhs_0528/78767.html,2021 年 5 月 28 日。
② 刘志:《基于效能评价的高密度山地城市空间布局优化研究——以重庆市渝中半岛为例》,重庆大学博士学位论文,2020 年。
③ 《效率与效能的差别、关系及应用》,载知乎,https://zhuanlan.zhihu.com/p/592801042,2023 年 2 月 21 日。

（二）效能的不同学科解释

以上从一般性概念出发，对效率、效果、效益、效能等概念进行了基本分析。但如果从学科视角来看，效能在不同学科中有不同的解释和含义。例如，在管理学和组织学中，效能通常是指组织或个体实现目标和任务的能力。这可能涉及资源的有效利用、目标的实现及组织内外的效率和效果，主要有生产效能、员工绩效效能、领导效能、项目管理效能、组织效能等。总体而言，效能在管理学中强调了在特定目标实现的过程中资源的有效利用。通过提高效能，组织和管理者可以更好地应对竞争压力，提高生产力，并在不断变化的环境中取得成功；在心理学中，效能主要是指个体对于完成特定任务或达成目标的信心和能力感，如自我效能感表示个体对完成特定任务的信心水平。心理学中的效能还可能涉及认知、情感和行为方面的因素；在经济学中，效能通常与资源的有效配置和利用有关，其可能涉及生产和分配资源的效率，以及实现经济增长和发展的能力；在教育学中，效能可能涉及教学过程和学生学习的效果，其包括教育政策和实践的评估，以确保其对学生产生积极影响；在社会学中，效能可能涉及社会制度、组织和机构的运作效果，以及它们对社会的影响，其还可能与社会公正、权力关系和社会变革等方面有关。总的来说，效能的具体含义在不同学科和领域中可能有所不同，取决于研究的背景和焦点。

（三）效能相关研究的学习借鉴

效能是一个涉及多学科、多领域议题的词语，在不同议题和场景中，效能有不同的含义和测量方法。为了更好地界定基层社会治理效能的内涵，这里再选择一些与政府治理活动有紧密关系的效能研究成果，加深对效能内涵的解读和把握。

例如，有研究国家创新体系效能的学者认为，效能是事物所蕴藏的有利作用，效能指标来源于效率指标和能力指标，效能的意义更为广泛，涉及区域创新体系过程的起点、过程和终点，能全面反映区域创新体系发展运行现状；创新体系效能强调创新体系内部创新主体的协同互动、创新资源的合理利用、创新机制的有效发挥及创新环境的友好营造；①研究金融治理效能的学者指出，金融治理效能的提升是多方面因素决定的，其中：金融制度优势转化是重要的因素，并提出金融制度优势具有先进性，是高治理效能的重要体现；金融制度优势具有普遍性，是提高治理效能的成熟因素。但到底何谓金融高治理能效，还是没有作出清晰明确的界定；②有研究城市智能治理的学者提出，治理效能是衡量治理主体、治理过程和治理效果的综合评价，治理效能的升级为主动治理和精准决策提供可能，随着智能技术与治理实践层面的结合与日俱增，治理主体智能、治理过程智用和治理效果智治的有机统一才能实现智能治理效能的有效生成。因此，需要形成"重塑治理流程以赋权—技术驱动以赋能—多元协同以赋智"的治理格局，最终实现智能治理效能的提高。进一步分析认为，治理效能主要聚焦在"治理方式"和"决策效果"两个方面的升级。一方面，"治理方式"从被动转向主动。主动变革是生存和发展的必由之路，这要求政府不仅要对外界风险作出防御姿态的局部适应，还应该根据不断变化的内外部环境主动调试治理方式。此外，智能治理给政务服务提供了主动权，智能技术的推理能力使得政府从管理导向到服务导向、从被动服务到主动服务成为可能，政府可以通过智能技术主动发现群众的需求和意见，进而对自身的服务模式和类型进行适当调整和升级。另一方面，"决策效果"从模糊到精准。传统的决策往往建立在人为推演和估算上，但由于决策所依赖的信息有限和主观判断的限制，决策效果难以得到保证。智能技术嵌入治理过程将推动决策的优化，其借助全渠道的数据整合和机器式自我进化升级，提供更精准的场景化决策方案，这意味着拥有超强算力和超大数据容量的智能技术将重塑治理中的决策流程，减少人为扭曲和信息加工的空间以提高决策效果的准确性。与此同时，智能技术为虚实结合的跨时间、跨地域的个性化公共服务提供平台。智能技术不仅为政府提供了可选择的决策方案，还可以精确瞄准

---

① 赵菁奇、金露露、张文君：《科技自立自强视域下国家创新体系效能建设与提升——以长三角区域为例》，《华东经济管理》2024年第1期。
② 曹戈：《金融强国目标下加快金融制度优势转化为金融治理效能的路径探析》，《当代经济管理》2024年第4期。

目标对象,对目标群体的需求进行精准识别和精准传达,有效地提升了政务服务的精准性和针对性。[1]

上述不同领域的多种治理效能界定,对我们加深理解并更好界定基层社会治理效能具有重要的启示作用。

二、社会治理效能的内涵与特征

自中央提出社会治理效能议题以来,我国学术界和实务界以习近平新时代中国特色社会主义思想为指导,遵循习近平总书记关于城市基层党建、基层治理创新、城市治理的一系列重要论述,开展了大量富有成效的理论和实践创新活动,取得了显著成效。但到底什么是社会治理效能？何谓基层社会治理效能？仍然没有一个统一的界定。因此,笔者通过上述大量的基础性分析后认为,本报告旨在研究的基层社会治理效能,是"社会治理效能"与"基层"相叠加而产生的一个新命题,从大的方面来说,仍然属于党中央提出的社会治理效能的范畴,但处于城市街镇乃至居村等最基层的行政层级,自身具有的特殊性和复杂性,决定了基层社会治理效能具有特殊的规定性和新内涵,相应地要想达到基层社会的高效能治理,也将呈现更高的标准和要求。

综合已有研究成果和治理实践创新,笔者认为,社会治理效能是指社会治理体系在面对各种社会问题、挑战和需求时,能够有效调动、整合资源,采取合理的管理手段,取得预期目标并解决问题的能力。社会治理效能不仅仅关注政府层面,还包括社会各个层面的参与者,如企业、社会组织、公民等。这一概念强调的是,我们不但要加快建设共建共治共享的社会治理共同体,更要关注社会组织和治理体系的现实能力,以应对和解决复杂的社会问题,维护社会秩序,促进社会平稳运行和可持续发展。社会治理效能的关键特征包括：

第一,注重社会实践问题的解决能力。社会治理效能强调社会体系对于

---

[1] 张鑫、张露馨：《智能治理的生成逻辑、实践阐释及效能提升》,《河海大学学报(哲学社会科学版)》2023年第6期。

各类社会问题的解决能力,这可能涉及安全问题、经济问题、环境问题、社会不平等等多个方面,包括对社会问题的识别、分析和解决的能力,涉及对矛盾和冲突的妥善处理。

第二,资源整合与协同合作。社会治理效能需要各方共同协作,充分整合各种资源,包括人力、物力、财力、信息等,以形成合力解决问题。

第三,透明和负责任管理。有效的社会治理需要透明的管理机制,使决策和行动的过程让公众可见,并且具备负责任的管理能力,以维护公众的信任。

第四,参与与合法性。社会治理效能须考虑广泛的社会参与,包括公众、社会组织、企业等的参与,同时它也强调管理体系的合法性,确保其决策和行为符合法律和社会规范。

第五,创新和适应性。社会治理效能需要具备创新和适应的能力,能够迅速调整策略和方法以适应社会的变化和不断涌现的问题。

第六,公正和平等。社会治理效能强调公正和平等的原则,确保社会中的各个群体都能够平等地享有权利和资源。

社会治理效能的提高涉及不同层面的管理实践和政策制定,需要全社会的努力。一个具有社会治理高效能的社会体系能够更好地应对变化、解决问题,促进社会的全面发展。在实践中,社会治理效能的评估和提升是一个复杂而综合的任务,需要综合考虑各种因素,并采取系统性的方法进行分析和改进。

三、基层社会治理效能的概念界定

笔者认为,所谓基层社会治理效能是指在中国特色社会主义社会体制下,基层社区(街道、乡镇、居委会、村委会、街区等)依托党的建设和相对完整的社会治理体系,在明确的治理目标引导下,由多主体形成的基层社会治理共同体,遵循需求导向、问题导向、效果导向的基本原则,有计划、有目的、有组织地开展基层社会治理活动,包括敏锐地发现基层社会面临的各类潜在矛盾与冲突,协同高效地处置解决本地化现实问题等,促使达成治理目标,让社区民众满意的治理效率、效果、效益和治理能力的综合反映。换言之,基层社会治理效能是对基层社会治理目标的正确性及其实现程度的综合反映,[①]是效率(投入—产出关系,"正确地做事")、效果(治理所达到的积极成果,包括基层信访矛盾减少、冲突下降、心态平和、社会有序、特殊群体得到服务和照顾、更加安全等)、效益(正面社会影响不断放大,如社区民众的安全感、幸福感、满意度持续上升等)和能力(治理主体的综合素养)的统一体。概括而言,这些能力具体包括:

一是问题解决能力。基层社会治理效能体现在解决当地社区问题的能力上,其包括但不限于基础设施建设、社会安全、环境保护、社会服务等各方面的问题。

二是社区协同合作能力。基层社会治理需要促使社区内的各方(包括居民、社区组织、企事业单位等)形成协同合作,共同参与社区事务的管理和决策。

三是资源整合和优化利用能力。有效的基层社会治理需要整合和优化社区内的资源,包括人力、财力、物力等,以实现资源的高效利用,解决社区内的问题。

四是公共服务提供能力。在基层社会治理中,提供基本的公共服务是一项重要任务,包括教育、医疗、社会福利等服务,确保社区居民的基本需求得到满足。

五是社区自治和民主参与能力。基层社会治理效能体现在支持社区自治和民主参与的能力上。社区居民有权参与社区事务的决策过程,形成共识,推动社区的共同发展。

六是信息共享和传递能力。有效的基层社会治理需要建立起畅通的信息传递渠道,确保社区居民可以及时了解社区的情况,参与决策,并得到必要的信息支持。

七是应急管理和安全保障能力。在基层社会治理中,具备应急管理和安

---

① 陈成文:《着力提升基层社会治理效能》,《光明日报》2023年11月30日。

全保障的能力是至关重要的,包括灾害管理、公共安全和紧急情况下的协调与处理。

八是文化和社会建设能力。基层社会治理效能还需要关注社区的文化和社会建设,包括促进文化交流、社会和谐及社区凝聚力的增强。

总体而言,基层社会治理效能强调在社会治理体系的最基础层面,通过协同合作、资源整合、服务提供和自治参与等手段,实现社区问题解决和社区发展的有效管理。一个高效能的基层社会治理体系,一定是既讲求基层提供服务、处置事件的效率,也会谋求基层社会的公平正义,促使社会体系更加平稳、有序地运转,促进社区的可持续发展。

第二节 基层社会治理效能的影响因素分析

我国广大的城乡基层社会,是一个千差万别的复杂体系,在不同的区位特点、产业结构、人口结构、治理水平、治理环境等多因素差异化影响下,不同类型、不同属性基层社会的治理效能会存在巨大差距。因此,基层社会治理效能是一个受多因素综合影响的动态体系,提高基层社会治理效能也是一个复杂的系统工程,在实践中,并不存在放之四海而皆准的所谓影响因子或统一模型。为此,笔者遵循一般性规律,从普通街镇层面出发,分析具有普遍性意义的基层社会治理效能的影响因素(见图2.1)。

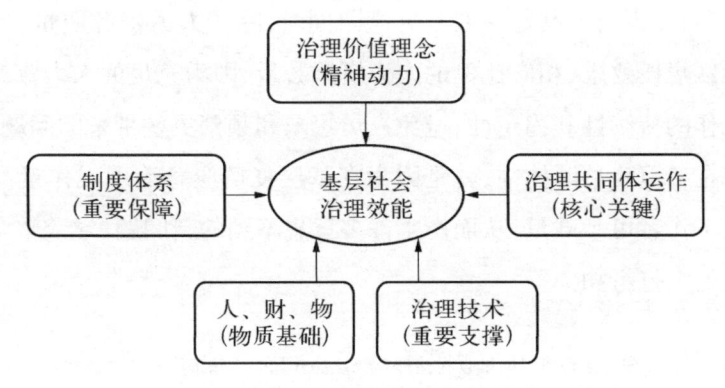

图2.1 基层社会治理效能之影响因素结构

上海城市治理报告(2024—2025)：提升超大城市基层社会治理效能

一、人、财、物资源条件：基层社会治理效能的物质基础

巧妇难为无米之炊。众所周知，任何治理活动都离不开治理资源的支撑和消耗。不过，资源总是稀缺和有限的。[①] 人、财、物是基层社会治理中的重要资源，它们对于基层社会治理效能的影响至关重要，是基层社会治理效能的重要物质基础。

（一）人力资源是基层社会治理效能中的基础因素

基层社区是人民群众居住生活的地方。努力满足人的需求，发挥人的主观能动性，共同维护好基层人民群众的基本合法权益，破解各类治理难题，保持基层社会活力和秩序的有机统一，是基层社会治理效能的基本要求，但在此过程中，包括治理者和被治理者双方的人的因素，具有至关重要的功能和作用。一方面，包括街镇、居村等单元的党政领导者、社区工作者、企事业单位领导、企业家、社会组织领导等基层社会治理人员的素质和能力（包括治理制度规划设计能力、治理行动机制创新能力、各类治理资源的整合能力等），直接影响到基层社会治理的效果。既有实践经验又年轻的优秀党组织书记、居村委主任、基层干部、工作人员更具工作活力和激情，能够更好地理解和执行政策，有效地协调各方面资源，解决实际问题。另一方面，作为被治理者的基层社区人民群体及其结构特性，对基层社会治理效能的提升也有很大的影响。通常而言，一个党员群体多、志愿精神高涨、公共意识强烈、自治意识鲜明的社区，其治理效能也会比其他一般社区高。同时，除了人力资源质量，也需要具备适应社区规模要求、相应比例的人力资源数量，因为充足的人力资源能够保证基层工作的持续性和稳定性，避免人员短缺和频繁更替带来的问题。例如，一些城市在新冠疫情防控中，就是因为在基层疫情应急治理工作量严重超出有限社区工作者可承载量，从而产生许多意想不到的新问题，导致整个基层社会治理效能大打折扣。

[①] 钟海：《党政统合治理何以助推乡村治理有效性提升？——基于陕南Z县的实证考察》，《南京农业大学学报（社会科学版）》2023年第6期。

第二章　中国基层社会治理效能的基本理论体系建构

（二）财力资源是基层社会治理效能中不可或缺的因素

基层治理既是国家治理的"最后一公里"，也是人民群众感知公共服务效能和温度的"神经末梢"。[①] 提升治理效能，一个关键点就是推进基本公共服务的均等化。村/社区具有准财政的属性，公共收支及其管理方式与社区治理的成效密切相关。村/社区是最基层、与民众关系最密切的治理单元，村/社区公共财政资源的分配问题也直接影响着公共服务的成效。[②] 财力资源的充足与否直接影响到基层社会治理的效率和可持续性。足够的经费支持能够保障基层工作的正常开展，为人员工资、设施建设、服务提供等方面提供必要的资金支持。财力作为基层社会治理不可或缺的资源，它对于治理效能的影响主要体现在以下几个方面：

首先，财力资源为基层社会治理提供物质保障。基层治理需要一定的物质基础，如办公设施、服务设备等，而这些都需要财力的支持。足够的经费可以保障基层工作人员的薪酬待遇，提高他们的工作积极性和工作效率。同时，财力资源也能够保证社区服务设施的完善和更新，提升社区居民的生活质量。

其次，财力资源有助于提高基层社会治理的精准性和有效性。通过经费支持，基层治理主体可以更好地了解社区居民的需求和问题，有针对性地制定解决方案。例如，通过开展社区调查、数据分析等，可以更加精准地掌握社区的实际情况，为制定科学合理的治理方案提供有力支撑。

最后，财力资源还能够帮助基层社会治理主体创新工作方式和方法。随着社会的不断发展，基层治理面临的问题也日益复杂多样。通过投入财力资源，基层治理主体可以引进先进的技术和管理经验，创新工作方式和方法，提高治理效能。例如，利用数字化技术、智能化手段等，可以提高基层工作的效率和精准度，为社区居民提供更好的服务。

综上所述，只有保证充足的财力资源，才能够为基层社会治理提供坚实的物质基础，提高治理的精准性和有效性，实现良好的治理效果。因此，在基层

[①] 段国海：《加快基层财政治理改革探索》，《中国财政》2023 年第 17 期。
[②] 陈家建：《社区"财政"中的债务问题研究——基于中国基层治理调查的数据分析》，《社会科学辑刊》2023 年第 1 期。

工作中,需要注重财力资源的合理配置和有效利用,加强经费管理,为基层社会治理提供坚实的财力保障。

(三)物质资源是基层社会治理中的重要因素

物质资源如办公设备、服务设施等,是基层工作正常开展的基础,对于提高治理效率和服务质量具有重要意义。物质资源对治理效能的影响主要体现在以下几个方面:

首先,提供基础设施。物质资源为基层社会治理提供了必要的基础设施,如办公场所、交通工具、通信设备等。一个设施完备、环境良好的办公场所能够为基层工作人员提供舒适的工作环境,提高他们的工作积极性和效率。例如,如果办公场所宽敞明亮、设施齐全,工作人员的办公效率和工作满意度都会得到提高,从而提升基层社会治理的效能。

其次,保障服务供给。基层社会治理的核心任务之一是为社区居民提供公共服务。物质资源如公共卫生间、照明设备、绿化植被等公共服务设施的投入,能够保障服务供给的稳定性和持续性,确保基层服务的质量和覆盖面,能够提升居民的生活质量,满足社区居民的需求,增强居民对基层治理的满意度和信任度,居民对社区的认同感和归属感会增强,有助于形成良好的社区氛围。

再次,支持应急响应。在应对突发事件时,物质资源如应急物资、救援设备等发挥着至关重要的作用。它们的充足与否直接影响到应急响应的速度和效果,进而影响到社区居民的安全和福祉。例如,如果基层治理主体拥有足够的消防器材、救援车辆等应急物资和设备,在火灾、地震等突发事件中能够迅速展开救援行动,降低灾害损失,提升社区的安全感和稳定性。

最后,促进创新发展。物质资源的投入还能够促进基层社会治理的创新发展。通过引进新技术、新设备、新材料等,可以推动基层工作的创新和改进,提高治理效能。随着科技的不断发展,数字化设备和信息系统在基层社会治理中越来越重要,这些物质资源能够提高基层工作的信息化水平,提高工作效率和准确性。例如,通过建立数字化档案管理系统、智能化监测系统等,可以方便快捷地获取和处理信息,提高基层治理的精准度和响应速度。因此,在基

第二章　中国基层社会治理效能的基本理论体系建构

层工作中,需要注重物质资源的合理配置和有效利用,确保基层社会治理的效能得到充分发挥。

二、治理价值理念：基层社会治理效能的精神动力

基层社会治理是一项由多个社会行动者(多治理主体)围绕一定治理目标或公共事务而开展的持续性集体行动过程。只有多元治理主体都从思想上、观念上解决了"为谁治理？靠谁治理？如何治理？"的根本性目标和价值问题,才会保障政党、政府、社会组织、企业和居民等多元治理主体能够找准自己的角色定位,发挥积极的主观能动性,实现党委领导、政府治理、社会调节和公众自治的良性合作,形成科学有效的行动决策和集体行动,确保基层社会治理效能始终沿着积极的方向发展。不同的治理价值理念会对治理实践产生不同的影响,进而影响基层社会治理的效能。正确、积极、向上的治理价值理念是影响基层社会治理效能的重要精神动力所在。下面介绍一些价值理念,阐明治理价值理念与基层社会治理效能的关系。

（一）以人民为中心的治理理念

"以人民为中心"的治理理念是自党的十八大以来,习近平总书记和党中央要求全党、全军、全国各地党政治理者必须树立践行的一种全新治理理念。党的二十大报告提出,"坚持以人民为中心的发展思想。维护人民根本利益,增进民生福祉,不断实现发展为了人民、发展依靠人民、发展成果由人民共享,让现代化建设成果更多更公平惠及全体人民"。[1] 我们党的根基在人民、力量在人民、血脉在人民。坚持以人民为中心的发展思想,是全面建设社会主义现代化国家的必然要求,是社会治理现代化的价值取向。[2] 这种理念能够促使基层治理主体把人民的利益始终摆在基层社会治理最紧要的位置,把人民装在心里,更加关注社区居民的实际需求,按照居民的事无小事的原则,及时感知社区居民的操心事、烦心事、揪心事,积极解决居民关心的急难愁盼问题,积

---

[1] 郭灵计：《坚持以人民为中心的发展思想》，《红旗文稿》2022年第23期。
[2] 陈荣卓、谈玉婷：《以人民为中心推进社会治理现代化》，《中国社会科学报》2023年5月25日。

极回应居民的诉求,为居民提供便捷、高效的服务,居民对基层治理的满意度、信任度、参与度都会提高,有助于形成共建共治共享的社会治理格局,从而提升基层社会治理的效能。

(二)法治理念

法治是治国理政的基本方式。法治理念和基层社会治理效能之间存在密切的关系。法治理念强调法律至高无上的地位,以法律为治理的基础和依据。在基层社会治理中,树立法治理念,能够提高治理的规范性和公正性,提升治理效能。这是因为,在基层社会治理中,树立法治理念能够促使居民和治理主体自觉遵守法律规范,更好地履行职责,规范行为,减少违规违法行为的发生,维护社区的和谐稳定;能够引导居民遵守法律规范,增强法治意识,形成良好的法治氛围;法治理念要求法律面前人人平等,按照法律程序公正处理矛盾和纠纷,保障居民的合法权益,确保公正公平的处理结果,增强居民对基层治理的信任感。因此,在基层工作中,需要注重培养居民和治理主体的法治意识,加强法律规范的宣传教育和学习培训工作,推动基层社会治理向法治化方向发展。

(三)合作治理理念

基层治理目标的实现,既不能仅依靠科层组织来促成,也不能完全依赖市场利益来驱动,而应基于多元主体的信任、互动和能力等诸多因素的综合作用,[①]走合作治理的路径。合作治理能够整合各方面的资源,提高治理效率和质量,提升基层社会治理的效能。合作治理作为一个新治理理念,认为政府、社会组织、企业、居民等都是重要的治理主体,社会治理应当突破行政集权控制和组织绩效竞争的狭隘视角,强调多元主体的平等参与和互动协作,激发多元主体的参与热情和创造力,形成合力、整合共享资源,共同推进基层社会治理,增强社区的凝聚力,形成共建共治共享的社会治理格局,提高解决问题的效率。例如,通过社区组织、志愿者团队等多元主体的参与和协作,可以更好

---

① 上官莉娜、徐云鹏:《从"化繁为简"到"繁简相生":公共安全政民合作治理的过程机制研究——以深圳市B区义警为例》,《求实》2024年第1期。

地满足居民的需求,提高社区服务的水平和质量;社区内多元治理主体可以共享公共设施、场地等资源,提高资源利用效率,降低治理成本。

(四)创新发展理念

顺应世界之变、时代之变、历史之变和现实之变而不断出现的重大现实问题和治理难题,不断推进基层社会治理的创新创造,是实现基层社会治理现代化的必然要求,也是不断提升基层社会治理效能的必由之路。创新发展理念强调的是,在基层社会治理中根据出现的新情况、新问题,不断探索新的思路和方法,以适应时代发展和人民群众的各种治理需要。基层治理者在创新发展理念指引下,能够积极探索创新路径,引入新的技术和管理经验,激发居民的创造力和参与热情,提高治理的精准度和效率,为社区居民提供更好的服务。

综上所述,治理价值理念与基层社会治理效能之间存在着密切的关系,树立正确的治理价值理念能够引导基层社会治理向更加高效、精准、可持续的方向发展。因此,在基层工作中,需要注重培养正确的治理价值理念,以提升基层社会治理的效能。

三、制度化水平:基层社会治理效能的重要保障

中国式现代化道路要求我们以民为本,加强和创新社会治理,健全共建共治共享的社会治理制度,把中国特色社会主义道路优势、制度优势创造性转化为满足人民实际需要的社会治理效能。对基层社会治理而言,在将中国特色社会主义道路优势、制度优势转变为治理效能的过程中,基于有关基层治理的制度体系建设抑或制度化水平,构建一套适合我国国情、能够解决基层治理问题的体制机制,既要充分发挥党委领导作用和政府主导作用,又要鼓励和支持社会各方积极参与,形成社会治理合力,不断创新和完善我国基层治理体系,是一个对基层社会治理效能有重大影响的决定性因素,也是推进基层治理现代化的关键。

一般而言,社区治理的制度化水平与基层社会治理效能是一个相互促进、相得益彰的关系。一方面,制度化水平有助于提升治理效能,制度化水平越

高,基层社会治理的规范性和稳定性就越强,治理效能也就越高。例如,建立健全基层自治制度,明确自治主体的权利和义务,规范自治行为,能够提升基层自治的效能,实现社区的和谐稳定和持续发展。另一方面,基层社会治理效能也会促进制度化水平的提升。基层社会治理效能的提升需要相应的制度化水平作为支撑,而治理效能的提升也能够促进制度化水平的进一步提升。比如在社区服务中,通过优化服务流程、提高服务效率和质量,能够提升社区服务的治理效能,而这种治理效能的提升也能够促使政府和社会更加重视社区服务的制度化建设,推动相关制度的完善和发展。当然,基层社会治理的制度体系是一个内容十分庞大的规范规则集合体。笔者以为,对基层治理效能具有显著影响的核心制度,除了我们普遍性确立的基层党组织建设、基层民众自治制度、全过程人民民主制度等优势,更重要的制度内容包括三个方面:

一是有关基层社会治理的体制安排,包括各类治理机构的设立和平台的搭建(社区治理委员会、村居监督委员会、"三会"制度等),以及各个治理主体之间的职能界定与权责清晰,确保基层社会治理工作的全覆盖、实体化、科学化,典型的如党组织的组织体系建设及其引领功能的发挥,需要把党支部建在网格上、党小组设在楼栋里等相关制度来加以保障和落实,从而把党的建设延伸到社会最小单元,激活社会治理体系的基层细胞。

二是基层社会治理规范高效运作的相关机制,包括:创新基层党建与社会治理深度融合的机制,完善以基层党组织为枢纽、各类组织力量有机耦合的组织体系和运转机制;在社区空间层面,多治理主体之间形成跨层级、跨区域、跨部门的系统有序、协同配合、运转高效的治理机制,确保信息互通、资源共享、工作联动;社区民众的有效动员机制、参与机制、诉求表达、利益协调乃至各类公共事务的共同协商机制;等等。这些稳定灵活、可预期可控的治理机制,有助于提升基层社会治理的规范化、高效化。

三是清晰、规范的基层社会事务治理流程体系。治理流程的优化和规范化是提高基层社会治理效能的重要途径。通过完善治理流程,可以明确工作责任、提高工作效率、增强工作透明度,从而更好地满足居民的需求和期望,提升基层社会的治理水平和居民的满意度。

当然,作为既有熟人社会又有陌生人治理特点的基层社会单元,除了强调依靠正式制度化治理、依法治理来确保治理过程和治理结果的有效性,因各治理主体经常互动协商而产生的互惠和相互信任,即社区积累形成的社会资本和社区情感,成为基层社会治理的软性力量,也是影响基层治理效能的重要影响因素。对此,布坎南认为,社会资本(包含信任、互惠)是政民良性互动循环的关键要素;公民的积极参与促就了"好政府","好政府"反过来又会促进公民的良性参与和信任互惠。丰富多元的社会资本可以有效降低社会治理的交易成本,推动居民间的平等沟通与协商,破解集体行动面临的困境,提高基层社会治理的效能。

四、治理共同体运作:基层社会治理效能的核心关键

党的二十大进一步强调,健全共建共治共享的社会治理制度,提升社会治理效能,建设人人有责、人人尽责、人人享有的社会治理共同体。这充分表明,在基层社会治理实践中,能否在上级部门的授权赋能下,切实发挥基层党组织和多元行动主体的主观能动性,建构形式多样的社会治理共同体并能够做到高效运转,就成为提升基层社会治理效能的关键与核心。对此,有学者专门就基层社会治理共同体如何能够提升社会治理效能的内在机制进行了较为全面的理论和实证分析,认为授权赋能体系是基层社会治理共同体构建的前置基础,社会资本整合是其高效运作的内在需求,由此构成以核心主体打造赋能体系为基础支撑、以多元参与社会资本整合为平衡体系、以激发多元主体活力与提升社会治理效能提升相互作用为目标的分析框架[①](见图2.2)。

笔者认为,基层社会治理共同体与基层社会治理效能之间存在密切的关系。构建基层社会治理共同体是提升基层治理效能、促进基层社会治理现代化的重要途径,而基层社会治理效能的提升也是基层社会治理共同体建设的目标之一。一方面,基层社会治理共同体的建设可以显著提升基层社会治理

---

① 胡佳、张一钦:《基层社会治理共同体如何提升社会治理效能——基于广西12个县(区)的田野调查分析》,《长白学刊》2023年第6期。

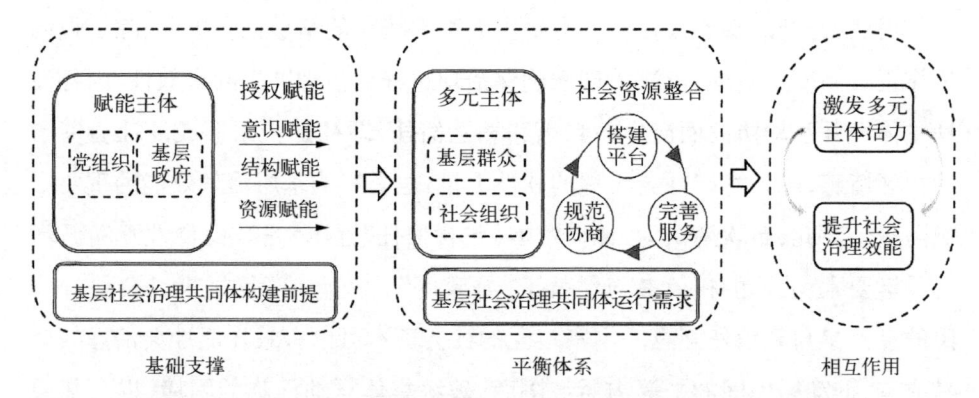

图 2.2　基层社会治理共同体建设与社会治理效能的内在关系逻辑

资料来源：胡佳、张一钦：《基层社会治理共同体如何提升社会治理效能——基于广西 12 个县（区）的田野调查分析》，《长白学刊》2023 年第 6 期。

效能。基层社会治理共同体强调多元主体的参与和合作，包括政府、社会组织、企业、居民等各方力量，通过共同体的构建，可以形成资源共享、责任共担、协同共治的治理格局，提高基层社会治理的整体效能；同时，共同体建设还可以促进基层民主的发展，增强居民对基层社会治理的认同感和参与度，进一步提升治理效能。但最关键的是，基层社会治理共同体要在共同体意识、共同目标、共同治理等环节和过程中，尤其是在基层多元主体的共治中，围绕居民协商共治，要从制度、规范、流程、清单等方面，切实达到治理共同体的高质量运行，谨防发生无休止的治理内耗。另一方面，基层社会治理效能的提升也有助于完善基层社会治理共同体的建设。治理效能的提升意味着基层社会治理工作的质量和效率得到了提高，居民的满意度和信任度也随之增强，这将为基层社会治理共同体的建设提供更有力的支撑和保障，吸引更多的主体参与到共同体中来，共同推进基层社会治理现代化。总之，基层社会治理共同体与基层社会治理效能之间是相互促进、相辅相成的关系，通过构建基层社会治理共同体，可以推动基层社会治理效能的提升；而基层社会治理效能的提升也将为基层社会治理共同体的建设提供更加坚实的基础和保障。

五、治理技术：基层社会治理效能的重要支撑

基层治理方式与基层社会治理效能之间存在着密切的关系。选择适当的

基层治理方式对于提升基层社会治理效能至关重要。一般而言,基层治理方式直接影响基层社会治理效能的实现。在基层社会治理实践中,经常采用的是政治(党的领导)以及自治、德治、法治、共治、智治(即"五治融合")等多种治理方式。不同的治理方式具有不同的特点和优势,适用于不同的社会环境和治理需求。例如,在一些社区中,采用居民自治的方式,通过居民参与决策和管理,能够更好地满足居民的需求,提升居民的满意度和归属感,从而增强基层社会治理效能了。而在一些复杂的社会问题中,需要政府、社会组织、企业等多方力量共同参与,形成协同治理的格局,才能够有效地解决问题,提升治理效能。与此同时,基层社会治理效能的提升也需要基层治理方式的不断创新和完善。随着社会的不断发展和变化,基层社会治理面临着新的挑战和需求,这就要求基层治理方式需要不断地适应新的环境和需求,进行创新和完善,特别是在信息化时代,数字浪潮下基层治理数字化程度既突显数字化改革之难,也彰显数字赋能发展之效,可以利用互联网、大数据等新技术手段,推动基层治理方式的数字化转型,提高治理效率和精准度,从而提升基层社会治理效能。关于治理的技术化、信息化、数字化、场景化,已经成为全国各地基层社会治理的普遍趋势和重要支撑,大大提高了社会治理的效率和效能,但也需要克服不同群体之间的数字鸿沟、隐私泄露、算法歧视等负面效应,确保数字治理技术始终保持应有的温度,确保基层社会治理效能的持续向前发展。可见,基层治理方式与基层社会治理效能之间是相互依存、相互促进的关系,选择适当的基层治理方式,不断创新和完善治理方式,是提升基层社会治理效能的重要途径。

第三节 基层社会高效能治理的表现和特征

前文分析了影响基层社会治理效能的主要因素及其内在关系,那么到底什么样的基层社会治理格局或状态,是一种高效能的基层社会治理呢?回答好这一根本性问题,是完善社会治理体系、提高基层社会治理效能的根本遵循和行动依据。基层社会高效能治理是一个多要素协同的综合系统和理想治理状态，尚未存在统一的界定和认识。对此，理论和实践相结合，笔者试图归纳为以下四个方面的典型表现特征。

一、治理价值目标：人民性和活力秩序的有机统一

对于社会治理效能来说，它应是工具性与价值性的统一，如果出现工具性与价值性的冲突和分野，社会治理效能将被减弱。故此，为提升社会治理效能，社会治理主体一方面要注重社会治理行为的工具性，不断创新社会治理方式方法，提升社会治理的效率性与有效性；另一方面也要关注社会治理行为的价值性，不断创新社会治理体制机制，增强社会治理的人文性。[①] 因此，基层社会的高效能治理，一定是遵循以人民为中心这一崇高价值目标的治理状态，人民是否得到实惠、人民生活是否得到改善、人民权益是否得到保障、人民群众是否满意，是检验基层社会治理效能的"试金石"。换句话说，基层社会的高效能治理，一定是全过程人民民主的规范化、制度化执行落实和人民性、公共性的价值追求与彰显，最终达到让人民群众满意、基层社会秩序和社会活力有机统一的治理目标。具体来说，具有以下几个表现特征。

（一）强调政治站位和人民立场，突出人民主体地位，人民群众利益得到表达，人民权益得到保障，人民群众真正当家作主

坚持以人民为中心的发展思想，满足基层人民群众的多样化需求，把让人民群众过上幸福的美好生活作为出发点和落脚点，是全面建设社会主义现代化国家的必然要求，是社会治理现代化的价值取向，更是基层社会高效能治理的鲜明特征。这表明基层社会治理切实能够将全过程人民民主的精神和要求贯穿治理的全过程、各方面，利用各种途径和方式，充分调动人民群众参与社区公共事务的积极性和主动性，众人的事情众人商量着办，确保人民群众当家作主，最大限度地体现基层社会治理的人民性、公共性及人民群众的主体性。

（二）人民群众获得感、幸福感、安全感不断提升

基层社会的高效能治理，是治理者主观能动性创造和人民群众客观真实

---

① 马友乐：《社会治理效能的内涵解析、制约要素与提升方略》，《行政与法》2024年第1期。

性感受的有机统一,在多元治理主体主动创新、不断努力的情况下,基层人民群众是阅卷人和评判员,治理效果好不好,人民群众说了算。高效能的治理一定是把人民群众的生命安全和身体健康放在第一位,通过服务更好贴近群众、团结群众、引导群众,让人民群众从治理创新中得到实实在在的好处,用干部的"辛苦指数"换取群众的"幸福指数",让人民群众的获得感、幸福感、安全感稳定上升。

(三)基层社会秩序和社会活力的有机统一

政治安全、社会安定、人民安宁,即国泰民安,永远是国家治理和基层社会治理追求的核心目标。习近平总书记指出:"要处理好活力和有序的关系,社会发展需要充满活力,但这种活力又必须是有序活动的,死水一潭不行,暗流涌动也不行"[1];"要加强和创新基层社会治理,使每个社会细胞都健康活跃,将矛盾纠纷化解在基层,将和谐稳定创建在基层。"[2]这表明,高效能治理下的基层社会,一定是一种法理相融、刚柔相济、宽严适度的社会,基层社会的自组织、自服务、自发展既充满活力,又存有较高程度的有序性和规范性,基层社会始终处于一种安全稳定、人际和谐、人心安宁、充满活力的动态平衡发展之中。

二、资源配置:管理幅度和层次的适配性、科学性

从本质上看,基层社会治理就是国家治理资源配置方式的创新,是对权力、人力、物质、信息等各种治理资源持续进行重心下移的治理新场景。从这个意义上说,基层社会的高效能治理,就是一种谋求治理资源配置最优化状态的过程和结果,在有限地理空间上,根据社区性质和治理需求,在最适度、最合理的基础上,以尽量少的资源投入,撬动整合更多的资源投入,产生最大化的社会效益和治理效果,让人民群众从治理中得到更大的实惠。据此,笔者认为,基层社会的高效能治理,应该具有两个突出特点。

---

[1] 习近平:《切实把思想统一到党的十八届三中全会精神上来》,《求是》2014年第1期。
[2] 龚维斌:《加强和创新基层社会治理》,《光明日报》2020年9月18日。

（一）基层社会治理的管理幅度和层次之间保持合理化

管理或治理效率、效能的提升，与管理幅度和管理层级之间具有紧密的相关关系。管理幅度和层次之间呈反比例关系，即层次多则管理幅度小，层次少则管理幅度大。过大的管理幅度、过多的管理层级，都不利于管理效能的提高。一般而言，管理幅度和层级之间保持科学合理化的扁平化结构，往往有利于更好地发挥应有的管理效能。换句话说，在基层社会治理实践中，一个街道、乡镇，抑或一个居村乃至社区，是基层社会治理的普遍性基本空间单元。但这种基本管理单元，到底应该保持多大的管理幅度合适呢？目前还没有定论和标准。同样都是城市街道或镇，有的城市核心区街道人口达到十几万人，而有的街道只有几万人，内部所辖的居村委数量也相差很大，面积和人口之间都保持很大差距；居委会之间也是这样，有的居委会下辖二三十个居民区，人口达到 5 000—6 000 户，而有的居委会则只有数个居民区，人口只有几百户而已。有的城市的街道中，在诸多居委会以上联合又产生所谓的"街区"，街道与居委会之间又增加了一个管理层级。诸如此类，基层社会治理单元的空间划分，对基层社会治理效能的发挥具有决定性作用，多标准、多尺度、随意化的空间划分，肯定不利于基层社会治理整体效能的提升。但不论如何，基层社会的高效能治理，一定是建立在基层治理单元空间的科学划分这一根基之上的，管理幅度和管理层级保持相匹配，治理需求和治理能力之间保持着相互适应的关系。

（二）治理资源配置的科学化和适配性

在划定不同规模基层治理单元的基础上，人、财、物等资源配置的科学性与否，就成为基层社会治理效能发挥的决定性因素之一。这里所说的科学性，就是基层治理单元的资源配置要建立在以当地实有常住人口结构为依据，与实际服务需求、现实治理需求相匹配相适应，不存在资源浪费或资源紧缺的两个极端状态，更不存在治理超载、疲于应付的现象。具体而言，在基层治理单元中的公共服务设施、商业服务设施、市政配套设施、治理社工队伍等资源的配置，不是以服务户籍人口为基准配置，而是以实际服务管理的人口规模配置，是与基层治理单元的真实需求相一致，是与基层 15 分钟生活圈相适应，资源服务供给能力与需求保持高度匹配,做到社会治理的精细化、公共服务的精准化、均等化。

三、治理机制：多功能治理结构有机协同高效

基层治理本身也是一个整体,要统筹谋划基层治理的各个方面、各个层次、各个要素,注重推动各项工作相互促进、良性互动、协同配合。[①] 这就要求基层社会的高效能治理是一个包括多治理主体、多治理功能在内的完整治理体系和集成系统,具备党组织统一领导、政府依法履责、各类组织积极协同、群众广泛参与,自治、法治、德治相结合的基层治理体系,健全常态化管理和应急管理动态衔接的基层治理机制,党建引领基层治理机制全面完善,多治理能力体系协同配合,搭建完善的跨层级、跨地域、跨部门共建共治共享的高效协同联动机制,上下左右协同配合、整体推动,实现基层社会治理系统的平衡协调发展。对此,主要呈现三个方面特点。

（一）治理主体之间的协同联动

基层社会系统越复杂,越要注意协同,在政策取向上相互配合,在实施过程中相互促进,通过多个轮子一起转来发挥更大的协同效应。基层社会的高效能治理,是建立在系统思维、整体思维基础上的协同治理行动,在上下层级之间要有统筹、规范、明确的放权赋能行动,基层有人、有权、有物,市、区、街镇、居村"四级联动"中实现"同频共振",实现联系紧密、上下一致;在横向之间,要按照整体思维的要求,消除基层治理各项工作的零散、孤立、不协调、碎片化问题,多元治理主体("七站八所")要主动跨前一步、主动合作,搭建条块之间的跨部门合作治理机制,塑造基层社会治理共同体,形成治理合力,真正打通基层治理"最后一公里"。

（二）治理政策手段的系统集成

通过组织、调整经济社会系统组成部分或组成部分之间、基层治理与经济

[①] 付小平:《深入探索超大城市基层治理现代化新路子,坚持这个思维至关重要》,《上观新闻》2022年9月9日。

社会发展之间的关联关系,使它们相互协调,在整体上涌现出我们期望的最好的功能,实现"用不是最优的局部来构造最优的全局"的目标。"上面千条线、下面一根针"。基层社会的高效能治理,一定是处理好不同治理系统之间关系,实现治理政策方式的集成式治理、一站式治理、共享性治理,而不是多条线、多部门不断向基层增加负担的重复多头治理。一方面,具备健全的行政事务基层准入清单制度和审批制度,基层治理保持适度工作压力,让基层聚焦群众工作的主责主业,而不是层层加码、重复报表、处处留痕、应付检查的形式主义、官僚主义。另一方面,具备以城市运行"一网统管""社区云"等为标准或基准的统一、开放、有序、管用的基层治理信息系统,避免"信息系统林立不对接、数据要求多元重复报"的情况,加强功能模块的系统集成和实战应用的场景开发,形成态势全面感知、趋势智能预判、资源统筹调度、行动人机协同的基层治理平台,基层治理始终保持高效性和敏捷性。

（三）治理能力的平衡与完备

社会治理能力是提升社会治理效能的重要依靠。[1] 高效能治理下的基层社会,必须或应该具备相对完备和平衡的基层治理能力体系,能有效地处置基层社会治理中碰到的各种难题和新情况、新问题,不应该存在明显的能力短板。笔者认为,这一能力体系主要包括五个方面的治理能力:

第一,行政执行能力。乡镇(街道)党(工)委对基层政权建设具备坚强的领导力。乡镇(街道)拥有必要的综合管理权、统筹协调权和应急处置权,以及对涉及本区域重大决策、重大规划、重大项目的参与权和建议权。乡镇(街道)具备行政执法权,整合现有执法力量和资源。

第二,为民服务能力。基层具备有效开展政务服务、公共服务、公共安全的资源、事权和能力,有规范化的办事服务流程,实现一窗式受理、一站式办理,基层事情在基层办,高效办成一件事。

第三,组织动员能力。组织动员能力的高低是政党执政能力与综合实力的重要体现,也是基层社会高效能治理的必要条件。唯有具备强大的群众组

---

[1] 马友乐:《社会治理效能的内涵解析、制约要素与提升方略》,《行政与法》2024年第1期。

织动员能力,才会增强基层党组织的执行力和战斗力,加强"一核多元"的良性互动和有效合作。

第四,议事协商能力。具备完善的基层民主协商制度,座谈会、听证会等协商方式丰富多样有效,具有"有事好商量,众人的事情由众人商量"的浓厚民主氛围,实现民事民议民办,减少社会矛盾隐患。

第五,应急处置能力。具备应对社会不确定性风险的韧性思维、应急管理组织体系和应急处置能力,能够利用互联网、大数据、人工智能等现代科学技术,做好风险研判、预警、应对等工作,具有社会风险预警和化解能力。

四、治理方式:从被动到主动、从模糊到精准

治理方式的不断变革或转变程度,是基层社会治理效能的一个重要验证标准。笔者认为,基层社会的高效能治理,在治理方式上势必要发生两个非常明显的转变。

(一)从被动到主动的转变

传统的低效能基层社会治理,大多是基层干部坐在办公室等着居民来办事的被动式治理;而高效能治理则是一种基层治理者主动走出办公室为民服务、主动向前一步寻求多元合作、政策找人而非政策等人,尤其是在风险治理中,通过信息技术和人工智能等手段的应用,主动提早发现风险隐患点,早发现、早预警、早处置,实现安全治理从事后处置向事前预防转变,变被动治理为主动治理。

(二)从模糊到精准转变

低效能治理是一种凭经验、凭人海战术的模糊性治理,而高效能治理则是建立在社区群众、城市部件、社区事件等要素的大数据基础上,实行的全要素、全过程、全数据治理,对社区群体及需求特点等具有详细精准的画像,治理者掌握着辖区居民的基本需求趋势和规律,使得公共服务的供给更加精细化、精准化,公共治理的效益效果更加明显。

第三章
超大特大城市提升基层社会治理效能的经验做法

自党的十八大以来,尤其是自国家提出社会治理效能问题以来,我国超大特大城市认真贯彻落实习近平总书记关于基层治理的重要指示精神,围绕社会治理效能,不断深化推进基层治理体系和治理能力现代化,在大城市版图上形成了一大批有特色、有成效的成功案例,也积累了提高基层社会治理效能的基本经验。本章在审视挖掘主要超大城市典型案例的基础上,将我国超大特大城市提高基层社会治理效能的经验总结为人民至上、重心下移、党建引领、多元共治、赋权减负、科技赋能、跨界协同等六个方面。

第一节 人 民 至 上

综观全国超大特大城市基层社会治理的实践,发现一条值得总结的首要经验,就是以习近平新时代中国特色社会主义思想为引领,全面贯彻落实以人民为中心的思想,把人民摆在所有基层治理中更加突出的位置,践行"人民城市""人民至上"理念,以人民为先、人民为本、人民为根,把增进民生福祉作为城市建设和基层治理的出发点和落脚点,把全过程人民民主融入城市治理现代化,全方位满足人民群众安居乐业需求,把人民对美好生活的向往作为基层治理的目标追求、价值追求,切实打造宜居、宜业、宜游的城市基层新空间,切实增强群众的获得感、幸福感、安全感。这一经验,可以通过以下三个具体案例加以阐释说明。

上海城市治理报告（2024—2025）：提升超大城市基层社会治理效能

一、北京：以人民为先的"接诉即办"

治理者能否把人民的事情放在心上、能否对居民的诉求作出及时的响应和处理，让人民有地方反映问题、有人听诉求、有人帮助解决困难，真正履行"民有所呼、我有所应"，是"人民城市""人民至上"理念的最好注脚和佐证。对此，北京根据习近平总书记关于"建设一个什么样的首都，怎样建设首都""北京要探索构建超大城市治理体系"等新要求，探索形成了为千家万户解决"千头万绪"的接诉即办治理模式，促使广大基层干部扑下身子，真情回应诉求，一件一件扎实推动群众和企业急难愁盼问题的解决。这是当今超大城市基层治理落实"以人民为中心"发展思想的生动实践，也是提升基层社会治理效能的典范。据统计，2023 年北京 12345 热线共受理市民反映 2 103 万件，诉求办理量 1 080 万件；市民诉求解决率、满意率分别达到 94.29%、95.20%，较 2022 年均提升 1.57 个百分点。[①] 重要做法经验包括如下几方面。

（一）探索建立起以 12345 市民服务热线为主渠道的接诉即办机制

为探索超大城市治理体系，2019 年，北京市深化党建引领"街乡吹哨、部门报到"改革，围绕建立基层治理的应急机制、服务群众的响应机制、打通抓落实"最后一公里"工作机制，建立起以 12345 市民服务热线为主渠道的接诉即办机制，各区、各部门、343 个街道（乡镇）、市属 44 家国有企业全部纳入接诉即办体系，推动了基层治理重心下移、权力下放、力量下沉，解决了一大批群众身边的操心事、烦心事、揪心事。截至 2021 年 9 月，12345 整合了 54 条热线，累计受理群众反映 2 958 余万件，日均 2.99 万件，其中网络端受理量突破 240 万件，诉求解决率从 2019 年改革之初的 53% 提升到 85%，满意率从 65% 提升到 91%。[②]

（二）依法巩固成果并持续推动接诉即办规范化、科学化、法治化发展

在经过两年探索实践与改革创新的基础上，于 2021 年 9 月 24 日，由北京市人大常务会制定并颁布的《北京市接诉即办工作条例》（简称《条例》），以

[①] 任珊：《北京 12345 热线去年办理市民诉求 1 080 万件》，《北京日报》2024 年 1 月 8 日。
[②] 《〈北京市接诉即办工作条例〉解读》，《北京日报》2021 年 9 月 26 日。

地方法规形式,把两年多来接诉即办改革实践的成功经验,通过接诉即办的功能定位和制度内涵、接诉即办工作体系、全流程工作机制、主动治理机制等内容加以总结固化,为提高接诉即办为民服务工作的规范化、科学化、法治化水平,为继续深化改革,推进首都治理体系和治理能力现代化提供法治保障。特别需要指出的是,《条例》第16条明确要求街道、乡镇应当通过党建引领"街乡吹哨、部门报到"工作机制,整合辖区资源,统筹协调、指挥调度各方研究解决相关诉求;区政府部门及有关单位应当及时响应、履职,按照街道办事处、乡镇人民政府协调调度共同办理相关诉求;第17条规定,居民委员会、村民委员会应当建立健全工作机制,沟通协调,凝聚共识,协助承办单位处理社区(村)范围内的矛盾纠纷,解决公共事务等方面的诉求,承办单位不得将社区职责清单外的事项交由社区办理,不得将社区协助政府工作的事项交由社区作为主责办理。① 依法搭建了市、区、街道(乡镇)三级协同联动、条块结合、上下协同的工作合力,集中力量推动人民群众问题诉求高效解决的长效机制,诉求办理的主动性、精准性、有效性不断增强。

(三)建立接诉即办"每月一题"机制,从解决一个问题延伸到解决一类问题

2021年开始,北京市委、市政府依托12345这个"数据富矿",每年聚焦群众和企业反映强烈的高频共性难点问题,建立"每月一题"机制,以点带线、以线扩面、精准施策、标本兼治,推动接诉即办向主动治理、未诉先办持续深化。"每月一题"为解决一些民生痛点提供了机制保障,每个具体问题都明确了市级、区级、街乡镇的任务分工,形成了条块结合、部门联动的攻坚合力②。

二、上海:人民城市与"15分钟社区生活圈"建设

上海作为代表国家参与全球竞争的全球超大城市,是我国人口最多、经济最发达、最具创新力的现代化国际大都市。作为改革开放排头兵、创新发展先

---

① 北京市第十五届人民代表大会常务委员会:《北京市接诉即办工作条例》,载北京市人民政府网,https://www.beijing.gov.cn/zhengce/dfxfg/202109/t20210925_2501573.html,2021年9月25日。
② 任册:《北京12345热线去年办理市民诉求1 080万件》,《北京日报》2024年1月8日。

行者和社会主义现代化建设引领区,上海始终遵循国家战略,在"五个中心"建设、高水平对外开放、经济高质量发展、长三角一体化发展、超大城市现代化治理、城市基层党建等重大议题上作出积极探索和实践创新。自党的十八大以来,上海在全面建设社会主义现代化国家新征程上,自觉践行人民城市理念,认真贯彻落实习近平总书记考察上海时的重要讲话精神,走出了一条符合超大城市社会发展规律和特点的基层高效能治理之路,"人民城市"建设可观、可感、可触,生动诠释了基层社会高效能治理必须要坚持人民至上的重大经验。具体而言,重大举措和经验包括两个方面。

(一)顶层设计人民城市建设的行动方案,将人民城市理念贯穿基层社会治理各方面、全过程

"城,所以盛民也;民,乃城之本也。"[1]2019年11月在杨浦滨江,习近平总书记考察上海时,提出"人民城市人民建,人民城市为人民"的重要理念,深刻阐释城市发展依靠谁、为了谁的核心问题。[2] 上海作为"人民城市"理念的提出地,加快建设人民城市自然成为城市政府的重大战略任务和新发展目标。2020年6月23日召开的十一届上海市委第九次全会以"人民城市"为主题,通过了《中共上海市委关于深入贯彻落实"人民城市人民建,人民城市为人民"重要理念,谱写新时代人民城市新篇章的意见》,确定了"五个人人"的城市努力方向——人人都有人生出彩机会、人人都能有序参与治理、人人都能享有品质生活、人人都能切实感受温度、人人都能拥有归属认同,将总书记人民城市建设理念落实到制度建设、系统设计和具体实践上来,要求在城市规划、建设与治理的各方面、全过程中,要树立人民至上的理念,不断提升人民群众的获得感、幸福感、安全感,奋力书写新时代"城市,让生活更美好"的新篇章。[3] 正是这"五个人人"的人民城市新理念,对全市的基层社会高效能治理注入了新动能、提供了新方向,在上海国际大都市基层版图上结出了空间与城

---

[1] 周琳、张涛、刘桃熊等:《习近平总书记关切事 让城市成为百姓宜业宜居乐园——人民城市建设的三个故事》,《工会博览》2023年第33期。
[2] 《人民城市人民建 人民城市为人民》,《人民日报》2024年11月22日。
[3] 姜泓冰:《"五个人人"刷屏,上海重提"城市,让生活更美好"》,《人民日报》2020年6月25日。

市更新(将"一江一河""工业锈带"变成"生活秀带",一些老村宅变为文化商业综合体)、多功能党群服务站点、社区长者食堂、新时代城市建设者管理者之家等一大批实体化、高效率运行的基层服务载体,给基层人民群众生活带来了实实在在的实惠和好处,满足了人民群众对美好生活的期待,也彰显了上海基层社会治理的温度和活力。

(二) 全方位构筑"15分钟社区生活圈"

基层社区是为民提供服务的"最后一公里",能否在居民家门口精准、高效地提供必要的基本公共服务,不断改善民生服务能力和水平,满足多样化的民生服务需求,是检验基层社会高效能治理的试金石。为此,上海全面借鉴国际15分钟城市的最新理念,在全国开始率先打造15分钟社区生活圈,以健全完备的"家门口服务体系",为基层民众创造更加高品质的美好生活感受。"15分钟社区生活圈",顾名思义,是指人们在慢行一刻钟的可达范围里,可以满足"衣、食、住、行"等日常需求。构建"15分钟社区生活圈",成为上海建设人民城市的一项标志性工程和民心工程。2023年,上海市政府设立了上海市"15分钟社区生活圈"行动联席会议办公室,并印发《2023年上海市"15分钟社区生活圈"行动方案》,在全市划定1 600个"圈",全面拉开了上海"15分钟社区生活圈"的建设格局。据报道,2023年,全市1 600个15分钟生活圈内完成了3 000余个民生项目,2024年还将统筹推进3 000余个民生项目。[①]

三、杭州:做好最接近人民群众的物业联合会

注重强基固本,夯实基层基础,踏踏实实解决好基层的问题,是衡量基层社会成效和效能的重要标尺。2023年9月,习近平总书记考察浙江时强调指出,坚持党的群众路线,正确处理人民内部矛盾,紧紧依靠人民群众,把问题解决在基层、化解在萌芽状态,对坚持好、发展好新时代"枫桥经验"提出新要求。[②] 物业管理发源于英国,但近年来,伴随经济发展、城市建设和住房商品

---

① 杨玉红:《今年推进3 000余个民生项目! 15分钟社区生活圈"圈"出美好生活》,《新民晚报》2024年1月21日。
② 刘开君:《坚持好发展好新时代"枫桥经验"》,《红旗文稿》2024年第22期。

化的快速推进,物业管理逐步发展壮大,渗透于居民群众日常生活全流程,已经成为城市基层治理的重要基石,也是基层社会治理最敏感的"神经末梢",存在不成系统、不成体系、碎片化等问题。杭州萧山区是全省唯一人口超过200万的城区,也是物业矛盾较为突出的城区,平均每月受理物业类信访约170余件。[1] 为了更精准、高效地服务和保障亚运会筹备各项工作,于2020年6月30日新设了盈丰街道。其作为杭州市新的中心区域,是杭州亚运会"三馆三村"所在地,集聚了杭州国际博览中心、杭州之门、望潮中心等一系列城市地标,是萧山区首个全域城市化的街道,面积23.1平方千米,分布着17个社区,有20万人口,其中14万是新杭州人,有510幢高层超高层建筑,基层治理难度很大。为了实现"人民城市人民建,人民城市为人民",盈丰街道瞄准了最贴近居民生活的管理服务——物业服务和矛盾纠纷化解,承接全区物业服务创新的改革试点任务,以最优的物业服务推动基层治理效能不断提升。具体做法如下。

(一) 构筑"一心两会"的现代物业管理体系

所谓"一心两会",是指萧山区在区、镇街和社区三级联动下,全面构建"党建统领、三级联动、多方协同、群众参与、制度保障"的物业管理新格局,即在乡镇街道层面建立物管中心,组建以物业项目为成员单位的镇街物业联席会,以业主委员会为成员单位的镇街业委会联席会,构建以物管中心为核心、以物联会和业联会为抓手,实体化运作的"一心两会"物管体系,旨在合力破解社会治理中"最后一公里"的物业服务难题。盈丰街道作为试点,在街道设有警民邻里中心,在一个名为"义警联盟"的办公空间,就是盈丰街道物业管理中心、物业联合会(覆盖全辖区72家物业单位、113个物业项目、3 400多名物业服务人员)、业委会联合会(16个业委会、20个物管委参与)[2]的集中办公场地。在平常,盈丰街道派出所一旦接到警情,就会通知这个实体化运作的机构,然后在警情点位附近的物联会、业联会的工作人员,就会第一时间提前介

---

[1] 张留:《警力物业业主"三线并联" 萧山"一心两会"保社区平安》,载潮新闻网,https://tidenews.com.cn/news.html?id=2542667&source=1,2023年8月3日。

[2] 朱颖婕:《扎根基层,赋能城市治理》,《杭州日报》2024年1月16日。

入,等待民警现场处置。与此同时,街道强化物业考核,提升物业服务水平,打造8个"城市下午茶"议事空间,让在职党员、业主代表、楼宇开发商、物业等各方代表能坐下来,更好实现"众人的事情由众人商量",从根源上减少社区小区纠纷。目前,物业和业委会是小区各项管理、服务的提供者,也是街道接触居民的"眼睛"和"耳朵",这有力推动基层社会治理方式由"自上而下"向"上下互动"转变、由"单打独斗"向"协同共治"转型,实现社区服务和社会治理效能的迭代升级,推动物业服务保障社会民生,继而有效提升居民群众体验感、幸福感、获得感。[①]

（二）规范小微权力运行,打造清廉社区、清廉业委会和清廉物业新模式

面对一系列社区治理难题,盈丰街道在村社设立监察工作联络站,让其全过程指导参与社区治理,促使监督力量不断向下延伸,不断筑牢基层治理清廉屏障。在明确业委会职责的基础上,要求在各村社设立的监察工作联络站靠前介入。社区监察联络员每月召开联席工作会议,收集业委会廉情信息,了解涉及群众利益的公共项目建设、重点设备设施采购各项事项;同时,街道定期召开社区治理专题会议,重点商议清廉业委会和清廉物业的公开细节性内容,强化监督职能。完善清廉村社"码上工程"平台建设,平台设立了清廉业委会、清廉物业板块,实现重点环节多方协同监管,推动解决小区治理难题,不断提升监督效能。[②]

（三）构建一个矛盾纠纷5分钟处置圈

盈丰街道突出多元力量共享,统筹交通、文化、市监、国土、环保等职能部门下沉力量,力推大综合一体化改革,组建综合执法队,发挥基层行政执法功能,协同破解多个跨疑难问题,有效提高了社区相关纠纷的化解能力。同时,盈丰街道还不断完善街社两级矛盾调解中心建设,打造"盈心和"街道矛盾调解品牌,有效发挥"盈丰嫂"等特色矛盾调解队伍作用,通过群防群治解决社会矛盾纠纷。

[①] 张留:《警力物业业主"三线并联" 萧山"一心两会"保社区平安》,载潮新闻网,https://tidenews.com.cn/news.html?id=2542667&source=1,2023年8月3日。
[②] 甄兰、吴洁:《规范小微权力运行 打通基层监督"最后一公里"：盈丰街道探索打造清廉社区、清廉业委会和清廉物业新模式》,载萧山政府网,http://www.xiaoshan.gov.cn/art/2021/7/15/art_1302907_59043115.html,2021年7月15日。

第二节　重　心　下　移

基层社会治理效能与治理重心的位置也具有紧密的关系。假若一个城市，只是口头上高度重视基层社会治理，而在实际上并不给基层提供必要的权力、人力和资源，基层无权无人无资源，即治理重心不在基层，那么这样的基层社会治理一定不会是高效能的治理。为此，必须认真学习习近平总书记有关基层治理的重要论述精神，遵循党的十九大报告提出的"推动社会治理重心向基层下移"；贯彻落实《中共中央国务院关于实施乡村振兴战略的意见》提出的"推动乡村治理重心下移，尽可能把资源、服务、管理下放到基层"，以及2019年《中国共产党农村基层组织工作条例》提出的"构建权责相称、简约高效的基层管理体制"等政策要求，实实在在地推动治理重心下移。上级政府部门主动为街镇、居村等放权、给资源，将服务、管理下沉基层，让基层有权、有人、有物，变"治理末梢"为"治理靶心"，提高基层治理的统筹力、综合性、整体性，成为党的十八大以来我国超大特大城市基层社会高效能治理的另一重要创新性经验。以下是几个典型城市案例。

一、北京："街乡吹哨、部门报到"

街道乡镇作为基层治理的基本行政单元，因体制问题，辖区内的许多治理难题（环境整治、垃圾堆放清理、老旧小区综合治理、街巷停车难等）分别由政府的各个管理职能部门（条线部门）管理，"看得见的管不着，管得着的看不见"成为基层治理的老大难问题。早在2017年，北京市平谷区金海湖镇在治理金矿盗采的专项行动中，坚持党建引领，成立临时党支部和指挥部，探索将执法主导权下放到乡镇，乡镇发现问题发出召集信号，相关部门要迅速到场，开展执法，"事不完，人不撤"，这被形象称为"街乡吹哨、部门报到"[①]。2018

[①] 乌梦达、樊攀、李嘉瑞：《从"没人管"到"有人干"——北京创新"街乡吹哨、部门报到"启示录（下）》，载新华网，http://www.xinhuanet.com/politics/2018-12/10/c_1123831098.htm，2018年12月9日。

年,全市创新推出"街乡吹哨、部门报到"机制,并作为"1号改革课题",在16个区169个街乡进行试点,在成功试点并系统总结相关经验的基础上,向全市印发了《关于党建引领街乡管理体制机制创新实现"街乡吹哨、部门报到"的实施方案》(简称《方案》),开启了新的基层综合治理模式,有效解决了基层治理领域面临的部门合力不足、基层力量不强、群众参与渠道不畅、干部担当作为不够等治理难题,发现处置问题更加及时有效,重点难点工作取得新突破。[1] 目前,这一成功经验被推向全国,重庆、厦门、贵阳等大城市,纷纷建立了各种形式的"街乡吹哨、部门报到"的治理模式。综观之,其推动治理重心下移的主要举措和经验包括如下几方面。

(一) 区级行政力量全面向街镇下沉

首先解决的是上层人浮于事、基层人力不足的问题,区级党政机关进行编制"瘦身",把大量行政人员下沉到基层一线,帮助基层解决治理"一公里"问题。例如,最早探索"街乡吹哨、部门报到"的平谷区,出台《关于推动工作力量下沉基层一线的实施意见》,建立执法力量下沉、攻坚任务选调、驻村联片包户、部门服务基层、党员回社区报到、人才到村任职,以及"下评上"的"六下一评"工作机制,各级干部服务基层更为直接。通过执法力量下沉,全区1000多名干部下沉基层参与综合执法;通过攻坚任务选调,全区调配200多名干部深入基层一线开展攻坚行动;通过驻村联片包户,实现首批80个工作队、396名干部入村服务;通过部门服务基层,700余名驻镇、驻村、驻企专责干部上门为群众提供便捷服务;通过人才到村任职,建立起500人的村级后备干部库,其中51名干部到村任职。通过党员回社区报到,围绕"友善平谷"疫情防控等工作,推动全区党员回村、社区服务累计6万余人次。通过以上下沉方式,使广大干部直接工作在一线,群众身边的问题解决得更多更快。[2] 再比如,西城区核减区直部门208个行政编制,补充到各街道;东城区在3个街道试点将

---

[1] 朱竞若、贺勇、王昊男:《北京探索建立"街乡吹哨、部门报到"机制》,《人民日报》2018年12月10日。
[2] 《一声哨响,吹出乡村治理良方——北京平谷区探索"街乡吹哨、部门报到"工作机制》,《农村经营管理》2021年第1期。

原有街道的25个科室4个事业单位改革为"8+4"模式,增强了街道工作效能。[①] 推行街道处、科级干部担任"街巷长",主要负责及时发现、协调解决街巷堆物堆料、乱停车、地桩地锁等环境问题。

（二）依法赋予街道明确职权和主责主业

在解决基层缺人的问题后,关键要解决好街镇缺乏执法权、职权不匹配的问题。"街乡吹哨、部门报到"的核心就在于依法赋予街道组织足够的权力,使"街乡吹哨"有职、有权、有依据,让基层有责有权"能作为"。北京《方案》进一步明确了街道的主责主业为党群工作、平安建设、城市管理、社区建设、民生保障、综合保障6个板块111项内容,全面取消街道招商引资、协税护税职能,使街道"明责瘦身"。重点落实街乡对重大事项提出意见建议权、对辖区需多部门协调解决的综合性事项统筹协调和督办权、对政府职能部门派出机构工作情况考核评价权,使街道党工委"底气"更足、"腰板"更硬,完善基层考核评价制度。通过有职、有权,"街乡吹哨"旨在强化街道乡镇党工委的领导作用,充分发挥统筹协调功能,在基层形成解决治理难题的合力。

（三）强化街道自主经费保障

《方案》提出,强化街道自主经费保障。各区要统筹财政资金安排,每年拿出一定数额的专项经费,作为街道自主经费,由街道根据工作需要、基层需求,灵活用于街道社区文体、教育、治安、精神文明建设等各项事业的发展。整合社区公益事业补助经费、基层党组织党建活动经费、城乡党组织服务群众经费等各类资金,推动各类支持政策捆绑打包下放到社区,强化资金统筹使用效能。[②]

（四）形成基层"街乡吹哨"的三种有效机制

目前,北京的"街乡吹哨"机制已形成三种形式:一是吹好日常哨,主要围绕环境整治、垃圾堆放清理、老旧小区综合治理、街巷停车难等群众家门口的

[①] 乌梦达、樊攀、李嘉瑞:《从"没人管"到"有人干"——北京创新"街乡吹哨、部门报到"启示录（下）》,载新华网 https://www.xinhuanet.com/politics/2018-12/10/c_1123831098.htm, 2018年12月9日。

[②] 《本市出台"街乡吹哨、部门报到"实施方案》,《北京日报》2018年3月15日。

多年难事；二是围绕群租房和开墙打洞治理、违法建设拆除、背街小巷整治提升等重点工作吹好"攻坚哨"，建立定期联络机制和督办闭环机制，推进各类重点难点问题在基层一线解决；三是围绕城市道路、地下管线、消防、防汛等应急处置事项吹好应急处置的"应急哨"，面对各种安全应急的事情，发挥快速反应、合力应对的巨大作用。[1] 有些基层街道通过吹响"组合哨"来解决现实治理难题。例如，北京西城区下辖西长安街街道为解决停车场新建问题，吹了一套组合哨：第一声哨响，吹来了产权企业，区属国企最终支援了土地使用权；第二声哨响，吹来的是区规土委、区市政管委，它们对土地资质和审批给予了大力支持；第三声哨响，吹来了市属国企，解决了立项投资建设经费；第四声哨响，吹来了区园林局，支持拉走渣土，平整了土地。最终，在街道工委统筹协调各方资源下，和平门社区生生从牙缝里"挤出"78个停车位。[2]

（五）进一步推动吹哨报到机制向社区延伸

社会治理的重心须落到城乡社区，为推动治理重心下移，把"吹哨报到"工作进一步下沉到社区（村）。例如，怀柔区北房镇探索"村居吹哨、科室报到"，村居无法自行解决的问题可向镇政府"吹哨"，通过科室认领、领导批办等形式安排人员处置，形成了"三级联动、一包到底"的闭环式问题处置模式，私搭乱建、倾倒垃圾等1 125件问题事项通过这种方式得到妥善解决。

二、上海：街镇改革与基本管理单元设置

自2014年以来，上海市委按照习近平总书记走出一条符合超大城市社会规律和特点的社会治理新路子的要求，将"创新社会治理加强基层建设"作为一号课题，聚焦社会治理与基层建设，最终形成了"1+6"系列文件成果，对基层社区治理模式进行了全方位的改革。2021年9月，上海市委、市政府根据中央文件精神，制定《上海市委市政府关于加强基层治理体系和治理能力现代化建设的实施意见》，对基层治理现代化作出总体部署和战略谋划。2022

---

[1] 杨晓丹、张骜：《北京给街乡赋权明确街道主责 169个街乡"吹哨报到"出实效》，《北京晚报》2018年12月10日。
[2] 同上。

上海城市治理报告(2024—2025)：提升超大城市基层社会治理效能

年9月，上海市出台《关于进一步加强党建引领基层治理的若干措施》，明确以"践行人民城市理念，创造中国式现代化进程中超大城市基层治理新经验"为主攻方向，以"深化体制机制改革，推进党建引领基层治理'六大工程'"为重要牵引，进一步推进基层治理现代化建设；同月，上海市在全市层面召开深化推进基层治理体系和治理能力现代化建设会议，深入探索符合超大城市特点和规律的基层治理现代化新路子，加快形成为基层赋权、减负、增能的强大合力，不断提升超大城市基层治理的科学化、精细化、智能化水平。上海大刀阔斧的基层管理体制改革，涉及很多具体内容和任务，在全国产生了十分显著的示范引领效应。综观之，强化大抓基层的导向，推动治理重心下移，资源下沉、力量下沉，心为基层想、劲朝基层使、人往基层走，切实推动了基层治理体系和治理能力现代化建设迈上新台阶，基层治理效能显著提升。具体而言，上海的主要经验和举措包括如下几方面。

（一）推动街道体制综合改革，为基层明责、赋权、增能

街道办事处是政府与基层的重要连接点，是创新社会治理加强基层建设的关键所在，更是提升基层治理效能的重要行动主体。上海根据2014年开展的"创新社会治理加强基层建设"一号课题，在2016年、2021年适时两次修订完善《上海市街道办事处条例》（简称《条例》），从机构设置、权责划分、经费投入、队伍建设等方面，全方位加强对街道办事处的履职保障，街道治理的环境得到显著优化，街道治理效能得到稳步提升。具体而言：

第一，依法明确街道有限职能，提升治理的针对性和有效性。修订后的《条例》规定，街道办事处主要强化集中"三公"（公共服务、公共管理、公共安全）职能，工作重心和资源投入向加强民生保障、优化公共服务、保障公共安全等领域聚焦，进一步提升社区发展水平。同时，明确了街道办事处的行政执法、应急管理等职能，组建街道综合行政执法队，并加挂城市管理行政执法中队牌子，以街道名义统一行使辖区内相对集中行政处罚权，实现街道一支队伍管执法。

第二，要求市、区等职能部门全方位支持基层治理，形成治理合力。《条例》规定区人民政府应当加强街道办事处各方面的建设，为街道办事处依法

履职提供支持和保障;市人民政府各职能部门应当主动参与和支持基层治理工作,为街道办事处依法履职、赋能增效创造条件,切实帮助基层解决困难和问题;规范行政事务准入制度,明确政府职能部门未经审核批准,不得以考核验收、分解下达指标等方式,擅自将职责范围内的行政事务交由街道办事处承担。

第三,综合设置街道组织机构。根据市委、市政府对街道办事处的规定和要求,上海市所有的街道办事处统一规范了内设机构,即按照"6+2"模式设置,即在统一设置党政办、党建办、服务办、管理办、自治办、平安办的同时,也赋予街道一定的机动性,即根据开展工作的需要,各街道可以增设两个内设机构,将街道的着重点从"向上对口"转移到"向下对应"。随着基层治理实践的需要,有的区围绕优化营商环境、应急管理等实际需要,不断完善街道党政内设机构,单独设置营商环境办公室,在党政办公室加挂应急管理办公室、财务管理办公室牌子等。同时,将街道的"三中心"(社区事务受理中心、社区卫生服务中心、社区文化活动中心)拓展为"六中心",即在原先"三中心"的基础上增加网格化管理中心(目前的城运中心)、综治中心、党群服务中心,提升社区公共服务能级,为街道更好地履行基本职责奠定了坚实的基础。

第四,赋予街道统筹协调治理五项基本权力。《条例》及相关文件赋予街道办事处对区职能部门派出机构负责人的人事考核权、征得同意权,对区域建设规划和公共设施布局的规划参与权,对区域综合性事务的综合管理权,对区域内事关群众利益重大决策和重大项目的建议权等"五项权力"。围绕"五项权力"落地,各街道办事处加强探索,相关部门分别出台相应的实施办法,城管、绿化市容、房屋管理等多支执法力量下沉,街道办事处统筹协调辖区公共事务的力度不断增强。

第五,培养专业化的基层社工职业队伍。社工队伍强不强,直接影响社区的治理好不好。相关部门制定并完善《上海市社区工作者管理办法》等文件,建立健全"三岗十八级"社区工作者职业化薪酬体系,并逐步提高社区工作者的待遇,社区工作者的工作积极性和主动性显著提升。其中,2023年浦东新区出台了进一步加强社区工作者队伍建设和激励关怀的若干措施,力求从选人用人、职业晋升、关心关爱、激励褒扬等方面采取15项切实措施,每万城镇常住人口的社工实有配置已达到20人,推进实现基层"队伍建设有机制有平台、人才培养有标杆有后备,个人职业有目标有归属"的目标,[①]取得了显著成效。

（二）设立城市基本管理单元,实行"镇管社区"治理模式

街镇作为基层治理单元,规模大小与管理幅度的匹配程度,对基层社会治理的效能具有十分重要的影响,规模过大,将会面临管理和服务方面的难点和短板,治理效能就会降低。上海作为城郊一体化的超大城市,城郊接合部和郊区的一些街镇,都是基层行政区划调整的结果。有些镇是原来两三个镇合并的产物,面积和人口规模普遍较大,原来被合并的成熟性城镇化地区,因行政区划的调整往往处于衰落状态,治理资源分布不均,治理效能也差强人意。同时,随着城市化步伐的加快,城郊结合部街镇开始出现一些人口密集的大型社区,一些街镇大型社区的人口甚至远远超过常规街镇管辖的人口标准,由此产生基本公共服务供给不足与单位空间人口过多之间的结构性矛盾。[②]据此,上海在基层治理过程中,结合街镇行政体制管理改革和城市化进程,出台《关于做实本市郊区基本管理单元的意见》,通过在全市城郊结合部或郊区部分街镇中特定区域范围内设立基本管理单元的方式,实行一种重心更加下移的新治理模式。具体操作而言,就是在镇和社区之间,选择郊区城市化区域集中连片(地域空间在2平方千米以上)、边界范围相对清晰、人口达到一定规模(常住人口在2万人以上)、管理服务相对自成系统的城市人口集聚区,设置一个基本管理单元,作为承载和配置城市基本公共服务、基层社会管理的非行政层级基本单元,从而形成"街镇—基本管理单元—社区"的大型城镇新治理架构,在上下联动中实现了管理服务的均衡化、有效性。自2015年以来,上海先后确定了包括撤制镇、大居、实行"镇管社区"片区在内的93个基本管理

---

① 唐玮婕：《聚焦基层治理主力军,浦东率先出台社工激励关怀措施15条》,《文汇报》2023年6月5日。
② 陈亮：《超大城市大型社区的治理尺度再造与治理空间再生产——以上海市基本管理单元实践为例》,《内蒙古社会科学（汉文版）》2020年第5期。

单元。

每个基本管理单元设立完整的"两委一中心"组织架构。其中,"两委"分别是社区党委和社区委员会。社区党委是在镇党委领导下的基层党组织,负责统筹基本管理单元内的区域化党建、居民区党建和"两新"组织党建工作,促进推动社区建设、协调社区事务、领导社区共治及指导居(村)民自治。社区党委设副书记1—3名,其中1名为专职副书记;设委员5—9名,最多不超过11名。社区委员会是在社区党委领导下,组织动员基本管理单元内的社区力量参与社区建设、社区治理的共治议事机构,发挥议事协商的共治平台作用,对涉及社会性、公益性、群众性的社区事务,进行议事协商、动员整合和评议监督。社区委员会由社区代表大会选举产生,设主任1名。社区中心是镇社会治理、公共服务职能的延伸,是社区事务管理和服务的实施平台和物理空间,发挥办理公共事务、开展社区服务、组织居(村)民活动、履行城市管理等功能。

每个基本管理单元,按照"3+3+X"模式配置资源。第一个"3"是指"社区事务受理分中心""社区卫生服务分中心""社区文化活动分中心",社区居民可就近享受就医、文化活动等服务,可就近办理医疗保险、社会保险、临时居住证等各项事务,基本形成一个"15分钟社区生活圈",提高服务能力和水平。第二个"3"是指落实相应的公安、城管执法、市场监管3类执法管理力量,设置警务站、城市管理工作站、市场监督工作站3个机构,强化对社区的实际管理。"X"则是每个街镇根据基本管理单元的实际需要和可能条件出发,因地制宜地设置更有针对性的服务资源和设施功能,一些社区的"X"一般为社区生活服务中心、基础教育、养老设施等,这些基本都与社区服务密切相关。

(三)中心城区街道实行跨居委会的"街区治理",架构"街道—街区—居委"新模式

针对完全城市化的中心城区而言,居委会是基层政权建设和管理服务的基本行政单元,但随着社会经济的互动融合发展,街道范围内不断出现跨越居委会的诸多功能性治理需求,如一条道路的综合治理、一个商圈的综合治理等,对相邻多元主体的横向合作提出更高的要求。在此类治理议题面前,各自

为政、地域狭小的居委会就显得无能为力。为此,上海一些中心城区街道不断探索创新,在街道范围内形成了"小于街道、大于居委会"的"街区治理体系",不断推动治理重心下移,通过营造"功能治理区",解决了诸多受条块关系影响的治理难题,发挥了特有的治理效能。例如,浦东新区潍坊新村街道党工委建立"1136"街区治理体系,即坚持1个引领(党建引领),依托1个平台("街事会"平台),形成3张清单(需求清单、资源清单、项目清单),打造6个街区(红色街区、美丽街区、诚信街区、活力街区、公益街区、平安街区);东明路街道党工委建立"1+4+X"街区治理模式,即1个街区党组织、4个街区党群服务站、若干个街区自治小组。① 普陀区甘泉路街道以西乡路靠谱文明示范街区创建为抓手,通过成立西乡路靠谱文明示范街区自治管理委员会,制定工作职责、形成自治公约,采取会长单位轮值制度,由12家成员单位轮流担任值班会长,促进街区内商户、居民和社区单位多方主体共建共治共融共享,不断实践新的治理场景,探索基层协商共治的新方法与新路径。② 杨浦区五角场街道聚焦由"财大、国定一、五一"三个居民区组成的国定支路日常管理和长效运营难题,通过成立国定支路睦邻街区自我管理委员会,尝试通过探索实现自我管理、自我教育、自我服务的长效管理模式,倾力打造了第一个睦邻街区——国定支路睦邻街区,实现一条"糟心路"升级为"明星"睦邻街区的目标。

第三节　党建引领

党的二十大报告指出,党政军民学,东西南北中,党是领导一切的。坚持中国共产党领导是中国式现代化的本质要求,更是实现基层治理现代化的坚强根基和根本保证。从基层治理社会效能来说,充分发挥中国共产党的组织优势、政治优势、制度优势,并将这一独特的制度优势转化为治理优势,是全面

---

① 浦东新区区委组织部:《浦东新区:积极搭建"街事会"平台,努力打造"善治街区"的浦东样本》,《组织人事报》2024年2月6日。

② 普陀区融媒体中心甘泉分中心:《面貌提升活力更足!"加减乘除"巧解普陀街道治理"方程式"》,载微信公众号"上海普陀",https://mp.weixin.qq.com/s/VuZgbi2OzhPy2BuZu2fazw,2023年12月8日。

提升基层社会治理效能的关键环节和必由之路。我国超大特大城市的基层治理实践表明,紧紧围绕城市基层党建体制的综合改革创新,实现基层治理中党组织建设的全覆盖,基层党组织始终发挥治理中把控战略方向、统揽统筹全局的统领作用,吸纳整合多方资源,构建共建共治共享的治理格局,协同解决好基层民众面临的各种急难愁盼问题,让基层人民群众的获得感、安全感和幸福感得到稳步提升。可以说,若没有党的十八大以来党中央推行的党的自我革命和全方位建设,就不会出现当今基层治理的良好局面,更谈不上所谓的基层治理效能。这充分表明,党建引领,是我国超大特大城市有效提升基层治理效能的一个重大的共同经验。但各个城市有不尽一致的党建引领基层社会治理的路径和方略。为了更好地说明党建引领在基层社会治理效能中的重大功效,笔者主要对成都和上海两个城市案例进行分析。

一、成都:党建引领社区"微网实格"治理

四川省成都市作为经济总量突破 2 万亿元、常住人口超过 2 100 万的超大城市,近年来,以习近平总书记提出的"一流城市要有一流治理"为根本遵循,以全面建设践行新发展理念的公园城市示范区为统领,深化社区网格管理与服务,围绕构建"网格化管理、精细化服务、信息化支撑"的基层治理平台,大力实施党建引领"微网实格"社会治理改革,推动党的组织体系在微网格织密健全、治理力量在微网格高效协同、服务资源在微网格集成落地、风险隐患在微网格敏捷处置,把网格触角真正延伸到每一户居民,推动实现管理单元最小化、服务效能最大化,极大提升了城市的精细化治理效能,交出了"城市治理现代化示范区"的优异答卷,[①]探索打通了超大城市治理"最后一百米"的新路径。具体做法和经验包括如下几方面。

(一)坚持党的领导,强化顶层设计,推行"微网实格"系统改革

"微网实格"指在党的领导下,通过划小划微、赋能做实基层末端治理单

---

① 《四川成都:党建引领"微网实格"治理工作探索与实践》,载中国共产党新闻网,http://cpc.people.com.cn/n1/2023/1103/c458124-40110044.html,2023 年 11 月 3 日。

元,重塑基层组织动员体系,通过多方力量共同参与提升基层治理效能。为了有序稳步推动这一系统性工程,成都成立由市委书记任负责人的基层治理议事协调机构,由市委书记亲自研究、部署和推动"微网实格"工作;各区、县(市)、镇(街道)、村(社区)党组织书记担任本区域"总网格长",分级负责"微网实格"治理改革的统筹推进工作;市县两级成立由党委副书记负责的"微网实格"治理工作专班,下设7个工作组,统筹组织、政法、社治、民政、住建等29个党政部门力量,形成高位推动、纵向到底、横向到边的改革态势。在制度设计方面,成都市委、市政府以"两办"名义印发《关于深化党建引领"微网实格"治理机制的实施方案》,相关职能部门跟进出台《关于加强网格党组织建设的通知》《关于进一步加强专属网格建设的工作方案》《关于下沉部门资源做强网格责任的通知》等23个配套文件,形成系统完备、衔接有序的政策制度体系。

(二)坚持党建引领,以"微网实格"重塑基层治理的最小单元和运行逻辑,为提高治理效能打下坚实的空间组织基础

随着经济社会发展和社会群体结构及需求的快速变化、不确定性因素加剧,在依靠单位管理或传统街居制模式下形成的基本治理单元(街道、社区、居委会等),无法适应城市精细化治理、敏捷治理的新要求。为此,成都全市创新实施党建引领"微网实格"治理,探索超大城市治理"最后一百米"的新路径。"微网实格"按照管理服务半径适度、平急结合高效转换的原则,以3小时内网格力量基本完成入户排查和宣传组织动员,并充分考虑党建基础、街区道路、历史沿革、建筑形态等要素,原则上以30—100户居民或商家为宜、高层物业小区按楼栋单元划分,精准确定微网格户数和人数。[①] 1个微网格,配备1名微网格员,确保3—5小时内基本完成入户排查、宣传动员、居民服务等工作。与此同步,在微网格建立党小组或党的工作组,对达不到党组织设立条件的选派党建指导员管理,共计组建网格党组织5.6万个。目前,成都已构建

---

① 《成都深化党建引领社区"微网实格"治理探索与实践》,载微信公众号"成都社会工作",https://mp.weixin.qq.com/s/QM7BqMZfIg96vb0kEej-NQ,2023年9月18日。

起"社区总网格、一般网格、微网格和专属网格"的"3+1"体系,形成"社区党委——一般网格党支部—微网格党小组"三级组织体系,实现一般网格党组织覆盖率和微网格党的工作覆盖率动态达到100%。这一崭新举措,重塑了基层治理的最小单元和运行逻辑,有效打通了基层社会治理的"毛细血管",全面提升了城市精细治理和精准服务水平,为保证超大城市治理效能奠定了坚实基础。

(三)做强微网格运行机制,在网格深度融合党建基层治理

建立微网格信息收集、问题发现、任务分办、协同处置、结果反馈闭环工作机制,区县部门接到镇(街道)吹哨信息事项后2个工作日内现场核实并提出处置方案,5个工作日内完成回复。建立微网格员日常巡查走访机制,按照"特殊人群必访、流动人口必访、小区院落业委会必访、村(居)委会必访""必须扫码签到、必须巡查网格、必须走访入户、必须及时报告、必须赶赴现场、必须记录日志"要求,每日至少开展2次网格巡查。发挥小区在地党员作用,推行"群众点单、社区派单、党员接单"为群众解决实际困难的工作机制。发挥党建带群建作用,建立群团组织承担公共服务、化解矛盾纠纷、帮助困难群众的工作机制。发挥党建带社建优势,培育扶持社区所需要的公益性、服务性、互助性网格"微组织"建设。健全快递物流、外卖配送、网约出行等企业参与网格治理机制。[①]

(四)坚持赋能增效,构建要素集成的"微网实格"保障机制

推动资源下沉、力量下沉,有效壮大"微网实格"的支撑力量。按照"专兼结合、多方参与"原则,推动市县两级行政力量和基层力量近10万人进网入格,发动在地党员、楼栋长、热心业主等13万余名居民骨干担任微网格员,引导由快递小哥、外卖骑手、网约车司机等组成的40万名"蓉义卫"平安志愿者参与网格治理,有效壮大了"微网实格"的支撑力量,为提高治理效能提供充足的人力支持。强化经费保障,整合社区发展治理保障激励资金、乡镇(街

---

① 《成都深化党建引领社区"微网实格"治理探索与实践》,微信公众号"成都社治",https://mp.weixin.qq.com/s/QM7BqMZfIg96vb0kEej-NQ,2023年9月18日。

道)和村(社区)自有资金,每年为村(社区)拨付17.7亿元专项资金,通过"微网实格"问民需办民事,既提高了资金使用效度,也强化了网格动员群众能力。建立以群众满意度为主的评价激励机制,创新网格收集议题、各方参与议事的基层协商形式,完善激励机制,大力开展先进典型选树活动,创新建立运行积分奖励制度。

二、上海:区域化党建引领基层治理效能

习近平总书记在上海考察时强调,要把握超大城市特点,创新基层党建工作思路和模式,完善党的基层组织体系。新时代以来,上海牢记习近平总书记对上海基层党建"继续探索、走在前头"的殷殷嘱托,积极探索符合超大城市特点和规律的基层党建新路。[①] 其中,区域化党建作为城市基层党建的重要组成部分,顺应城市发展趋势和治理需求,向城市功能区、生活公共空间、新型产业领域等方面不断延伸,将区域化党建融入基层治理,有效整合不同领域、不同系统的党建资源,用活"资源、需求、项目"3张清单,在街镇、居民区等基层社会治理效能提升中发挥了十分重要的功能和作用。典型案例及做法列举如下。

(一)金山区的"毗邻党建"跨省协同治理

2018年5月,时任中共政治局委员、上海市委书记李强到金山调研时对金山提出了"努力成为长三角高质量一体化发展的桥头堡"的战略定位。2018年11月,国家开始实施长三角高质量一体化发展战略,习近平总书记强调:要紧扣"一体化"和"高质量"两个关键词,以一体化的思路和举措打破行政壁垒、提高政策协同,凝聚更强大的合力,促进高质量发展。为深入贯彻中央、市委的要求和部署,更好推动金山由依赖上海市中心城区辐射的"一个扇面"向承接上海现代化国际大都市、长三角城市群"两个扇面"转变,更好地对接融入虹桥国际开放枢纽建设,做实新形势下城市基层党建工作,深化区

---

① 郑健麟、陈怡波、陶晨:《上海基层党建何以"继续探索、走在前头"》,《上观新闻》2024年1月22日。

域化党建条块对接、整体融合,金山区不断深化"毗邻党建"工作内涵,着力推动金山、嘉兴两地从单边发展向融合发展转变,实现在更大范围、更宽领域、更深层次上成为互融共通的"一家人"。金山区"毗邻党建"跨省协同治理的经验与做法主要体现在如下几个方面:

1.加强顶层设计,坚持制度引领,不断健全"毗邻党建"跨省协调体制机制

第一,签订毗邻党建合作协议。金山区先后与嘉兴平湖市、嘉善县签署《"毗邻党建"引领区域联动发展合作框架协议》《关于深化毗邻党建 推动长三角更高质量一体化发展工作的意见(试行)》,并将其纳入"心联鑫"金山区域化党建联席会议成员单位,建立起两地党组织、相关职能部门、毗邻地区街镇党委、村居党组织多层次的合作领导体系。

第二,创新"四级并行"的跨省协同工作机制。在区级政府层面,金山区与嘉兴市成立专项工作领导小组,建立"轮值主席"制度,建立党政领导互访、职能部门交流、联席会议等机制,每年研究确定一批年度重点合作事项。在区职能部门层面,两地相关部门按照工作职能和领域组建基层党建、民生服务、平安建设、生态环保、产业发展、人才培育、文化科创等多个工作专班,实行"双组长"负责制,定期召开工作会议,共同谋划合作内容,合力推进合作项目。在毗邻街镇层面,金山区枫泾镇、金山卫镇、廊下镇、吕巷镇、张堰镇五个镇,共同签署《长三角"田园五镇"乡村振兴先行区五镇联盟共建协议》,成立"田园五镇"联盟联席会议机制,负责统筹基础设施配套、重大事项协调、政策支持等工作。在村级层面,金山区廊下镇山塘村与平湖市广陈镇山塘村组建"浙沪山塘联合党支部",探索"双委员制",建立"双网格长制",并带动两镇10村组建"毗邻互通"全域党建联盟,由原本南北山塘"试验点",打通为10村联盟的"试验田"。

第三,探索跨界产业集群党委制。成立长三角地区首个跨省市产业集群党委,打造形成1条"毗邻党建七彩示范带"、6条"合作共赢发展走廊",集聚两地在党建、治理、惠农、生态、发展、人才、文化等领域的示范项目和站点。

2. 聚焦公共安全、侧重联动执法，不断创新跨省安全共治新模式

第一，拓展完善公共安全跨省协作共治新机制。制定《金山区—嘉兴市政法系统推进更高质量平安建设、法治建设合作协议》《"金、嘉、平"三地反恐区域警务协作备忘录》等，深化"金山—平湖—嘉善反邪教工作协作机制"；建立健全自然灾害、重大安全生产事故等突发事件的区域应急联动机制；健全完善上海世博会、亚信峰会、G20杭州峰会、世界互联网大会等重大活动安保维稳常态长效化合作机制；深化完善"平安省际边界""十联"工作机制；打造信息数据资源共享平台；"建立重大项目维稳工作协作机制，社区联合治理网格化中心""流动治安岗"等，在省际边界主要出入口和无名道口24小时不间断巡查，有效遏制了跨界作案、流窜作案的发生，确保大型活动期间和重要时间节点边界区域的平安稳定。

第二，构筑实施"一支队伍、一套标准"的城管联合执法。金山、平湖两地城管部门签订《毗邻区域共同管辖执法协议》，成立全国首支跨省（市）"平湖市—上海金山区"联合行政执法队，研究制定43项协同监管清单、22项自由裁量基准、18项惩戒备忘清单、13条证据移交标准；制定全国城管执法部门首份跨区域"首违不罚"统一清单——《长三角城市管理综合行政执法毗邻区域共同遵守"首违不罚"清单的指导意见》。截至目前，共开展联合执法85次，办理案件167起。

第三，构筑实施"三地协作"的跨省公平司法、审判执行机制。在司法领域，签订《上海市金山区 浙江省嘉兴市"毗邻党建"引领司法行政区域联动发展合作框架协议》《上海市金山区 浙江省平湖市毗邻法治引领示范地建设"蔚蓝星火"计划合作协议》，为长三角高质量一体化发展提供公正高效的司法保障。在审判领域，建立上海首个跨省域的"金山、嘉善、平湖三地协作执行机制"，建立健全常态化信息互通机制、执行协作机制、对失信被执行人的联合惩戒机制，助力区域执行协作一体化建设。2019年以来，"三地"协作执结案件近1000件，执行到位金额3亿余元，助力破解"基本解决执行难"，加快了案件处置的速度和效率。

第四，打造沪浙"五地七所"跨省打防管控一体化平台。在社会治安领

域,金山区公安分局会同浙江省嘉善县公安局、平湖市公安局制定《关于沪浙"五地七所"打防管控一体化行动方案》,打造沪浙"五地七所"跨区域打防管控一体化平台,先后制定相关方案、分方案及配套机制10余份,健全完善"派出所所长轮值"等7项制度,推动"六实"基础数据、26大类实战数据及10余项建模逻辑互通共享,2021年以来"五地七所"报警类110同比下降22.3%,治安案件受案同比下降51.4%,电信网络诈骗接报既遂数分别同比下降32.8%、24.9%,交通事故亡人数分别同比下降30%、18.8%,联防联控成效逐步显现。

第五,构建助推全国统一大市场的市场跨省联合监管体系。围绕市场监管和营商环境建设,签订《金山—嘉兴市场监管领域战略合作框架协议》《金山—平湖市场监管领域联合"双随机、一公开"监管战略合作协议》等,建立三地食品联席会议制度,联合举办应急演练、交流考察活动,打造食品产业质量提升"周五课堂"交流平台,切实提升三地食品安全监管效能;组织开展知识产权联合培训、路演,实现长三角知识产权一体化保护和发展;在全市率先探索长三角特殊管理药品联合管控机制,签订《金山—平湖化妆品现代化治理"红盾护妆"合作协议》,共同营造长三角地区安全用药环境;建立石化—独山港纠纷异地投诉受理机制、跨界设置"放心消费联合工作站""浙沪异地异店无理由退换货示范店联盟""毗邻消费多元调解工作站"等,营造良好毗邻消费环境。

第六,不断完善以演练、实用为一体的跨省应急联动机制。在应急管理领域,制定《嘉兴市与金山区安全生产领域多方位合作方案》,围绕危化应急救援联动、教育培训资源共用、专业技术服务接轨、风险隐患管控互促等方面,进一步健全三地应急联动机制;举办杭州湾北岸化工安全生产论坛;开展"金海九号"反恐应急演练暨"金、嘉、平"三地紧急拉动演练,切实提高接壤地区的快速响应能力。新冠疫情期间,两地率先建立跨省市联防联控制度,以"边界十联"机制为依托联防联控,将分布在两地交界道口的检查站、志愿者等防控力量合二为一,共同推出"两书一证"人员车辆互认通行机制,有效解决省界人员和车辆道口通行瓶颈问题。

第七，推动实施交通安全管理跨界联动合作。金山、嘉善、平湖三地交通管理部门建立联动发展例会制度，每年召开2次例会，形成日常工作交流机制，共筑跨省交通安全。区交警支队沈海高速公路（沪浙）公安检查站会同浙江警方通过召开联席会议、成立临时联合党支部、签署安保协议等方式，在追逃、查获无证运输危化品方面取得一定实效。

3. 聚焦民生需求、注重共建共享，开创公共服务跨省均等化新格局

第一，着力推动跨省公共交通服务无缝对接。共同破解交界区域违章搭建、垃圾堆场等"肠梗阻"难题，大力推进省际"断头路"等重点难点工程建设，打通跨省公交运营瓶颈。目前，已建成沪浙对接道路20条，拔除两地交界区域限宽墩、限高杆10余处，开通公交化省际客运班线1条、毗邻公交线路6条，实现了公交卡、市民卡公共交通的全面互联互通。

第二，率先探索异地就医"点对点"实时结算。紧密建立医疗合作关系，帮助嘉兴市提高化学伤害救治能力和急危重病治疗水平，在全国率先探索跨省医疗机构"点对点"实时联网结算。目前，异地就医"点对点"实时结算拓展至区内所有公立医疗机构，嘉兴平湖市民到金山医院月均就诊量达9 000余人次。

第三，加强区域教育资源对接与合作。两地30余对中小幼学校签订校际合作协议，有力推动了教育资源共享、优势互补。通过教师互访、学科联合教研、学生互动等多种渠道，促进区域教育均衡发展和特色发展。

（二）城市滨江党建引领岸线融通高效治理

近年来，上海围绕"一江（黄浦江）一河（苏州河）"两条水运大动脉的岸线贯通工作，探索形成高效的滨江党建模式，以党建联建为发力点，构建横跨5个区20个街镇及沿岸大量不同主体的企事业单位党组织组成的"贯通纽带"，打造74个滨江党群服务站，建立各类立足沿岸功能提升和产业布局的党建共建联盟，把昔日的"工业锈带"变成"生活秀带、发展绣带"，不断释放区域化党建的带动和辐射效应。目前上海滨江沿岸共建立党群服务站点近50个，形成浦东"望江驿"、徐汇"水岸汇"、杨浦"杨树浦驿站"、虹口"虹驿站"、黄浦"滨江党群服务站"等党建品牌。其中，虹口区北外滩区域化党建联盟和

徐汇区的滨江党建在岸线融通发展和一体化治理中取得了显著成效。

虹口位于黄浦江、苏州河"一江一河"交汇处,尽享浦江两岸世纪同框,区位优势明显,发展积淀深厚。自2020年北外滩新一轮开发建设规划获批以来,虹口积极推动北外滩规划落实落地,引领带动全区加快高质量发展,全力打造新时代都市发展新标杆。为此,北外滩街道坚持"党建引领、区域统筹、部门协同、多元共筑"理念,凝聚北外滩全域智慧力量资源,提升区域化党组织行动力和创造力,不断引领高质量发展、打造高品质生活、提升高效能治理,全力推进北外滩成为中国式现代化的重要展示窗口,开创形成以高质量党建引领区域高质量发展、高效能治理的新格局。2018年,在对辖内的重点楼宇进行精准划分的基础上,确定以星荟中心、宝矿大厦、白玉兰广场、金岸大厦、瑞丰国际大厦为核心楼宇,成立五大党建片区开展针对性联系、指导和服务工作,同步组建以单楼、双楼、多楼为主体的楼宇联合党组织,为实现滨江党建资源精准配送打下基础。按照沿江不同功能区域,统筹整合党建资源。依托片区制工作制度,凝聚相邻相近的区域化党建单位、"两新"、居民区党组织互联互通开展活动,实现资源开放、互融共进、整体提高,实现党建引领助推社会治理、区域发展、滨江共建的机制联通。根据滨江沿线楼宇、建筑分布密度的不同情况,打造滨江党建的文化宣传、教育培训、形象展示、资源整合,以及服务企业、群众的功能性平台,从而实现基层党建阵地全覆盖、领域全统筹、功能全整合,着力推动新时代北外滩区域基层党建高质量创新发展。[1] 在此基础上,通过搭建共建共享的党建平台——"北外滩区域化党建联盟",将区域内外各共建单位、职能部门、群团组织、社会组织纳入大党建格局,定期对区域化单位资源、需求、项目"3张清单"进行梳理和增补,先后形成170余条需求、200类资源和70余项对接项目,把多层次、多元化、多场景服务与活动输送到区域化单位,共同建立起"助、享、联、融"的联动机制和"公转+自转"的运行模式,共享党建资源、共办党群活动、共推服务项目,形成以基层党组织为核心的区域

---

[1] 《打造新时代北外滩滨江党建新矩阵》,载微信公众号"虹口党建",https://mp.weixin.qq.com/s/COXrYYEevifUM1MOEYTbFA,2021年8月29日。

化党建共同体,用更紧密的合作、更务实的行动,不断提高百姓的安全感、获得感、幸福感。[1]

徐汇滨江位于黄浦江西岸核心区段,北起日晖港,南至关港,面积约9.4平方千米,拥有中心城区最长的11.4千米滨江岸线。党旗飘扬在滨江贯通第一线、工地建设第一线、项目开发第一线、产业发展第一线、为民服务第一线……依托党组织这一共同的"基因密码",徐汇区形成了"区委领导、功能区党委牵头、街镇党(工)委负责、群团组织助力、社会各方参与"的滨江党建模式。由徐汇区搭建"区域化党建大平台",市区联手,建立以区为主的联合开发机制,坚持"党建联线保贯通",组织融合在一线。西岸集团党委牵头成立"贯通工程建设指挥部",组建由39家滨江建设开发相关单位参与的党建联建联席会议,同步建立3个贯通工程联合党支部、3支党员先锋突击队,组织动员各方力量推动和保障工程建设顺利推进,最终实现全线贯通,推动滨江岸线从生产性功能向生活性功能的转型。[2]

第四节 科技赋能

随着现代网络社会的来临,现代科技开始全面渗透到政府治理和人们的日常生活之中,数字工具和平台可以通过提供广泛的信息获取和全球联系来增强人们的能力,也为基层政府提升治理效能提供了新手段、新路径。综观国内超大特大城市基层治理实践,注重科技赋能,将移动互联网、大数据、云计算、人工智能等技术深度应用于公共服务、公共安全等领域中,从根本上提高治理成效、提升基层民众的体验感,已经成为基层精细化治理、敏捷治理的重要支撑手段,也是一个具有普遍性的共同经验。其中,具有代表性的典型案例

---

[1] 《虹口区北外滩街道以高质量党建引领区域高质量发展》,载上海市虹口区人民政府网,https://www.shhk.gov.cn/xwzx/002005/20230529/3d1cd1ea-8e59-4d9d-b440-8e460bc7b935.html,2023年5月29日。

[2] 王文娟、董志雯、唐小丽:《从"垂直社区"到滨江空间 上海积极探索党建引领基层治理新路》,载人民网—上海频道,http://m2.people.cn/news/default.html?s=Ml8yXzQwNTI2NTEwXzEzNDc2OF8xNjkxNjI5NjQ1,2023年8月10日。

经验有如下几方面。

一、上海临汾路街道：数字赋能提升治理效能

近年来,上海静安区临汾路街道结合上海城市数字化转型战略,以提高基层治理效能为导向,瞄准重复填表、奇葩证明、来回跑腿、培训不足、政策查询不便等阻碍基层高效开展工作的顽症痼疾,通过内部机制优化与外部数字赋能双向驱动,努力为基层干部减负增能,让他们摆脱束缚、轻装上阵,能够把更多时间用在抓工作、抓落实上来。

（一）发挥数字底座共享联通的优势,以数字手段优化工作流程,助力基层实现减报表、减证明、减跑动

依托"社区云""全要素管理平台"等上级数据系统,推进"民情日志"4.0数字底座开发,搭建面向全街道的"数字工作台",深化数据应用与数据共享,同时加强社区工作流程优化与再造,切实实现减报表、减证明、减跑动。

1. 减报表

"数字工作台"作为全街道唯一报表填报入口,实现了科室与基层数据双向共享,对于科室可自行查询的数据,不再需要基层上报,直接减少了基层50%以上的报表。同时,推出"智慧报表"功能,对独居老人等高频使用报表通过提前预设条件,实现自动一键生成;其他报表可自定义查询条件并导出,勾勾选选不到一分钟就能生成报表,提高了工作效率。

2. 减证明

推出"一键证明"应用场景,对于居委会标准化建设中规定的应当由居村开具的20余项证明事项,经系统智能筛查符合条件的,居民区可以一键开具证明,大大提高了证明开具的效率。同时,街道正在探索通过"美好临汾"公众微信号、智慧"临小二"等居社互动平台,让居民在线申请系统自动开具证明,让居民办事更便捷。

3. 减跑动

推出"不用跑审批"应用场景,率先将工作经费的申请、审批、核准等事项一揽子放到线上,基层工作者不再需要拿着纸质申请单到相关科室审批,只要

轻点鼠标，自动逐级传递至各级审批人员，并发送短信提醒审批人员及时查看。通过流程再造，让数据"跑路"代替工作人员"跑腿"，大大加快审批进程，提高审批效率。目前，居民区经费申请从过去平均跑科室2.87次到如今一次不用跑，审批流转效率也从平均4.2天/次提高到最快1小时/次。

（二）探索前沿科技与社区治理的深度融合，以科技赋能基层，不断增强一线干部履职能力、发现能力、应急能力

临汾路街道坚持"管用实用"，不断推动人工智能、数字孪生、隐私计算等前沿科技助力社区治理，通过科技赋能、数据赋能，不断提升基层履取能力、发现能力和应急能力。

1. 打造"数字助理"，增强基层履职能力

基于Transformer模型与自然语言处理技术，率先推出政务领域对话机器人"临小助"（与ChatGPT同一原理）、打造社区工作者的"数字助理"，探索基层能力提升新模式。目前"临小助"已能为15个部门198项面向群众事务提供政策查询，工作人员通过微信输入问题，马上就能得到"正确答案"，相当于把各部门多本纸质的"一本通"变成"一屏通"，助力基层干部化身"全岗通"。同时，"临小助"还开设了疫情防控、加装电梯等8堂情景课程，随时随地为基层工作人员提供沉浸式、有针对性、一对一的群众工作能力培训。

2. 深化"数字吹哨"，增强基层问题发现能力

依托"社区大脑""民情日志"数据系统，通过数据比对，以最低成本、用最短时间就能发现问题，实现"数字吹哨"，与过去基层依靠人海战术的工作效率形成鲜明对比。目前，街道在电梯运行、占用消防通道、高空抛物等21个小区治理场景布设了8 000多个感知元件，构建起了24小时在线的物联"感知网"。同时，街道与辖区供水、电力等单位通过党建联建，实现了居民生活用水、用电等数据的共享，构建起疑似群租识别标准模型，以及独居老人关心关爱预警，让基层能够更加主动、及时、准确地发现问题。

3. 建立"数字预案"，增强基层应急处置能力

通过数字孪生技术对小区封控、消防救援、电梯抢修、台风天气等多个

应急场景形成"数字预案",基层能够一键生成包含人、事、物等关键要素的"作战图",避免"战时"应急方案不健全而手忙脚乱。比如,结合党建微网格数字沙盘,赋能平急结合,在防疫人员调配、接种精准发动等方面发挥重要作用。

二、北京街道:探索基层数智化治理新模式

(一)朝阳区和平街道:老旧小区的数智治理[1]

北京朝阳区和平街街道常住人口8.1万,下辖12个社区,辖区内科研院所单位密集,人文底蕴深厚。由于辖区内部分老楼建成于20世纪50年代,基础设施老化、配套不足,邻里纠纷、物业管理、停车等问题层出不穷;辖区内60岁以上老年人占比30%以上,居民老龄化严重,民生问题尤为突出。如何提升基层治理精准度、融洽度和治理效能?如何提升辖区居民幸福感、获得感?和平街街道坚持党建引领,积极借鉴"枫桥经验",从居民身边一件件"关键小事"入手,以"智"促"治",探索出一条老旧小区有机更新的"和平街模式"。和平街街道通过搭建"三平台",即多层级党建协调共商平台、多场景数智化全天候议事平台、多需求数字化共治服务平台,充分运用数字化技术,不断提升便民利民服务水平,探索数智化治理"和平街模式"。在和平街街道,通过数字赋能,全天候的线上议事平台打破了时间和空间限制,凝聚起群众的智慧和力量。居民借助网络实现随时随地议事协商,共同助推社区治理迈上新台阶。推出数智社工"和小智""和小慧",以满足辖区居民多场景、多样化的服务需求,推动基层治理数智化转型,真正实现"民有所呼、我有所应"。

(二)朝阳区左家庄街道:率先探索推行"一码共治"机制

在传统治理模式下,如果基层民众发现问题,就得给物业、社区打电话反映,有关部门才会受理解决,治理效能明显不足。2022年,北京朝阳区左家庄

---

[1] 李杨诗宇:《北京朝阳区和平街街道:探索老旧小区数智化治理模式》,《民生周刊》2024年第3期。

上海城市治理报告(2024—2025)：提升超大城市基层社会治理效能

街道率先全面推行"一码共治"机制，聚焦社区这个最小单元，探索基层治理向数字化管理转型之路。"一码共治"基于不同区域的治理要求，在空间上将街道治理区域划分为"临街区域""社区居民区域""商务楼宇区域"三大治理范围，形成临街商户、社区楼栋、商务楼宇等一个个最小治理单元。[①] 其主要做法是：街道对辖区内7个社区35个小区375栋楼1 448个单元完成"楼码"的赋码工作。每个"楼码"背后都是一本电子台账，社区管理人员通过电子台账可以全面了解包片区内住户的类型、居住人数及每栋楼内需要帮助的特殊群体的信息。通过"社区码""楼码"这一载体，居民可随时扫码查看居民楼信息，包括居民楼的基础信息，如建设年代、产权方等，也可一键拨打居民楼各类服务管理人员电话，实现一对一的精细化服务。居民若发现楼道或小区存在治理问题，不用打电话给物业或社工，只要用手机扫描单元门口张贴的"楼码"，通过语音就可以把问题反映上去。在整个反映问题的过程中，不用写地址、事件等低效信息，通过"码"可以反映环境卫生、停车、物业等各项诉求，后台将上报诉求定点推送到相关物业人员手中，由社区兜底督办解决。除了社区楼栋的"楼码"，左家庄街道还对辖区内主要大街及背街小巷的558家商户赋码，将责任单位相关的基础数据整合汇聚，形成了三包、防疫、燃气、控烟等多维度多领域的事项清单，构建"一码共治"临街治理体系，一码汇聚业务、数据和治理场景。明事定责，推动商户落实主体责任，数据共享，助力"执法精准""减负增效"，实现服务治理无缝衔接，为辖区内的商务楼宇赋"楼宇码"，为企业提供全方位服务。[②]

第五节　松 绑 减 负

实践表明，基层治理负担过重是一个全国性问题，也是制约基层治理效能的一个重大障碍。因此，近年日渐凸显基层负担过重问题引起党中央和国务

---

① 陶凤，袁泽睿：《"一码共治"赋能朝阳区基层治理数字化转型》，《北京商报》2022年8月25日。
② 王薇：《朝阳区基层治理向数字化管理转型》，《北京青年报》2022年8月26日。

院的高度重视。2019年3月,中共中央办公厅制发《关于解决形式主义突出问题为基层减负的通知》,并将2019年作为"基层减负年"。2021年4月发布的《中共中央国务院关于加强基层治理体系和治理能力现代化建设的意见》,再次强调"向基层放权赋能"。[①] 综观我国超大特大城市的基层治理实践发现,各大城市政府认真贯彻落实党中央关于切实减轻基层负担的决策部署,纷纷加大体制改革力度,切实推动基层松绑减负工作,形成了一些独特的减负办法和举措,基层治理效能得到了显著提升。这也是我国超大特大城市提高基层治理效能的一个共同经验。具体城市的做法举例说明如下。

一、上海曲阳路街道的"易表通"

在现有体制下,上级部门每年都要求街镇、社区等基层完成五花八门的统计表格或数据信息,各类报表类型多、数据量大,每次排摸表格内容重复填写的基础信息多,且涉及多个条线工作,排摸制表牵扯了基层大量工作力量和时间,明显加重了基层工作负担,社区工作者没有时间走访居民、为民服务,这是全国基层治理普遍面临的一个共同问题,也是制约基层社会治理效能的重要因素之一。为破解这一高负担、低效率的治理难题或传统模式,上海虹口区曲阳路街道针对基层痛点、难点,结合上海数字化转型战略,聚焦居委工作减负、增效,积极推动社区数字化治理,通过研发"易表通"软件的形式,建立了一套可用、有效、灵活的社区底座、大数据库及相应的数据算法、模块等数字化系统,使居委干部从繁杂的填表事务堆中"解放"出来,有了更多时间走访居民,为居民办实事,推动传统居委工作模式大变革,走出了一条利用数字技术为基层减负的高效能治理新路。

所谓"易表通",寓意百表归"易"表,"易"表化百表,就是一种旨在解决社区繁杂排摸任务,以社区治理数字化转型为理念,推动传统居委工作模式变革的软件。其主要做法和特征如下:

---

① 朱光磊:《构建政府职责体系是解决基层治理负担过重问题的根本出路》,《探索与争鸣》2023年第1期。

（一）居委提供数据，街道整合数据

"易表通"的数据来源于居委日常工作中的排摸、积累及使用的既有人口数据、房屋数据、条线数据，设计有党员、志愿者、业委会、居民代表、禁毒、精神疾病、疫苗接种、居民小组长、社区人才、纯老、独居、孤老、优抚、低保等各类标签，借助居委干部平时走访，不断增加、完善标签和丰富人物画像。在街道层面完成数据整合，将原本零散数据化零为整，通过权限分级，形成全街道融合、共享的完整台账链条，有利于现有数据安全使用管理。[①]

（二）百表归"易"表，实现多个条线的表格汇集

以往，每个条线都有自己的表格，加起来数量巨大，有了"易表通"以后，系统将所有的表格都汇总进来，各个条线的名单都在"易表通"里，居委干部可以直接点进去查看；点"导出"按钮，还可以把 Excel 表打印出来，节省了大量时间。[②]

（三）易表化百表，提高填表效率，降低填报负担

原先，条线部门的排摸任务以空表形式层层下发，居委干部要填写大量的信息、数据，一些内容是重复的，也只能不断填写。现在条线部门运用"易表通"动态制表，通过绑定标签形成数据表单模板，带数据下发，居委干部只要在存量数据库中选定字段，动态增减一些信息即可。比如，新冠疫情期间街道在排摸近期来沪、返沪人员，居委干部收到的是一张带有数位相关人员信息的表格，只要核实、更新个别信息即可。按照目前数据库准确率，一般需要修正的数据仅 1% 左右。以一个 5 000 余居民的居委会为例，一次常规排摸任务，运用"易表通"后，填表工作量可由 5 000 余项减少至 50 余项，工作时间也由 2 天左右下降为 20 多分钟，也就是居委干部的工作量可减少 90% 以上。与此同时，居委干部走访居民的时间可提高近五成。[③]

[①] 周楠、龙钢：《让居委干部填表工作量减少 90%，上海这个街道有了新探索》，《上观新闻》2022 年 9 月 27 日。

[②] 《有了新"装备"，办事效率提升》，载微信公众号"上海虹口"，https://mp.weixin.qq.com/s/Flr_LaUKoyOdE_XkYe-R6A，2022 年 10 月 20 日。

[③] 周楠、龙钢：《让居委干部填表工作量减少 90%，上海这个街道有了新探索》，《上观新闻》2022 年 9 月 27 日。

二、成都持续性开展社区减负

作为常住人口2 100万的超大城市,成都在新时代不断深耕城乡社区治理体系建设,在基层组织创新、体制创新、减负增能等方面,开创形成许多可圈可点的优秀成果,走出了一条以人民为中心的特大城市基层高效能治理之路,连续14年位居"中国最具幸福感城市"榜首。早在2015年,民政部、中组部印发《关于进一步开展社区减负工作的通知》,为减负工作作出系统部署。当年,成都市委组织部、市民政局出台《关于减轻城乡社区负担的十条措施》;2021年又出台《深化城乡社区减负提能增效的若干措施》,配套制定社区工作事项"3张清单",明确社区依法自治事项23项、协助行政事项43项、负面工作事项7项,有效厘清城乡社区与职能部门、基层政府的权责边界。建立社区减负跟踪监测制度,在全市选取46个社区作为社区减负跟踪监测点,依托天府市民云平台开通问题线上直报功能,构建起问题发现、派单整改、督促落实的工作闭环。会同市级相关部门开展基层政务类信息化终端专项清理,关停整合市级各类"僵尸类""空壳类"信息终端28.7%,探索形成的"报表通"模式实现社区周工作时间平均减少10小时,相关做法在全市推广。

第六节　跨界协同

随着城市社会经济发展的日趋复杂性和多样性,街镇、社区等基层事务的高效治理,开始面临上级治理力量悬空化、职能部门治理碎片化等低效协同难题,重塑面向广大基层人民群众和企业主体的"整体政府",推动跨层级、跨部门、跨地域的跨界协同治理,让基层民众高效快速办成一件事,碰到问题要高效处置一件事,成为基层高效能治理的重大制度创新需求。对此,自党的十八大以来,中央和各地方政府都高度重视整体性政府治理体制的改革创新,制定出台了许多顶层设计和政策文件,并借助数字赋能,广泛推动实施了诸如"全国一体化政务服务平台(跨省通办)"、地方性的"一网通办、一网统管""最多跑一次"等新模式、新举措,更好地适应了中国经济社会大流动、大发展的现实需要,极大改善了广大人民群众和企业主体的办事体验感。在此重大改革进程中,我国超大特大城市政府,将跨界协同治理的理念成功应用于基层治理实践之中,依托现代科技支撑,开创形成诸多各具特色的基层跨界协同模式,在破解"看得见的管不了、管得了的看不见"的现实困境方面取得了体制性突破,两网(政务服务一网通办、城市运行一网统管)建设普遍展开,不断理顺了条块关系,形成了基层治理的新型运作模式和真正合力。

一、北京街镇:"每月一题"的跨部门协同治理

以人民为中心,坚持体制机制改革,打造面向民众的整体性政府,积极有为,主动出击,切实帮助基层民众解决日常生活中遇到的各种急难愁盼问题,不断提高基层民众的获得感、幸福感,既是提升基层治理效能的内在要求,更是高效治理的必由之路。对此,北京基层治理在建立健全"接诉即办"机制的基础上,全市层面通过12345热线的大数据分析,主动筛选、归纳总结民众普遍面临的共性难题,坚决破解多个部门都不管的体制障碍,开创了"主动治理、未诉先办"的"每月一题"(每月集中办理一类问题的若干具体问题)新机制,即每年根据上一年度12345民生大数据,选取若干诉求量大、涉及面广、群众反映突出的高频共性难点问题进行专项治理,每月围绕1个主题、选取2—3个具体民生问题,每项民生问题都明确一个市级部门牵头负主责,相关单位协同配合,共同分析问题、剖析原因、厘清思路、明确目标,制订切实可行的方案,定好时间表、路线图,各相关单位把解决重点民生诉求作为重要工作任务,由"一把手"亲自抓。[①] 在市级层面,市主要领导每月专题研究、分管市领导调度、一个市级部门牵头主责、各区和配合单位分层次调度的协同机制,分类施策、标本兼治、滚动推进、全程督办。与此同时,区级也制订了具体问题的解决计划,市、区、街乡镇形成条块结合、上下协同

---

① 北京市政务服务管理局:《"每月一题"介绍》,载北京市人民政府网,https://www.beijing.gov.cn/ywdt/zwzt/jsjbgztl/jj/202207/t20220705_2764192.html,2022年7月5日。

的工作合力。

作为北京市接诉即办改革向主动治理、未诉先办深化的创新实践,从治理效能角度来看,"每月一题"机制实现了从解决"一个问题"到解决"一类问题"的转变,更重要的是,其构建了牵头责任部门和相关职能部门之间的跨部门协同治理新模式,有效克服了"治理碎片化"难题,走出了一条超大城市基层跨界协同治理的新路子,积累了基层整体性治理的基本经验,明显提高了基层治理的效能和水平。例如,2021年全市归纳总结出"每月一题"的12类主题、27个问题,明确了12个主责单位和50多个配合单位,每个部门都有一套"一方案三清单"(解决方案、任务清单、责任清单、政策清单),明确职责和任务;同时,实施"首接负责制",倒逼相关委办局主动承担责任。这意味着,不再有责任盲区,各单位不能再"踢皮球",主动担责,打破责任盲区;合力推进不再互相推诿。第三方满意度调查显示,27个问题专项治理中有17项满意度超过90%,其中垃圾清运不及时、街头游商占道经营、农村基础设施建设满意度分别达到95.67%、94.71%和94.39%。[1]

二、上海蒋庄村:多部门联勤工作站

蒋庄村位于上海金山区漕泾镇西北6千米,全村地域面积6.98平方千米。现有村民小组21个,总户数1 084户,户籍人数3 426人,户籍常住人口1 623人,外来人口6 296人。蒋庄村以"村中有企、企中有村"最具代表性,区域周边就是漕泾工业区,拉动了地区经济,增加了地方就业,同时也给地方人居环境治理带来新的课题,企业中大量来沪人员就近居住,使得全村来沪人员超过户籍人口2倍,占全镇外来人口数的43%。为进一步提升社会治理精细化和实效性,积极落实构建科学高效的城运体系,做实"多格合一"、推进"一网统管"工作,根据《金山区城市运行管理联勤工作站试点建设总体方案》,结合蒋庄村实际情况,通过整合政府职能部门、社会组织等多方力量,打破职能界限,强化资源整合,试点打造集外来人口管理、市容环境治理、城管执

---

[1] 任珊:《"每月一题"深化"接诉即办"》,《北京日报》2021年7月15日。

法、市场监管、消防检查、交通管理、应急处理等职能为一体的"漕泾镇蒋庄村联勤工作站"。通过联勤联动机制，齐抓共管治顽疾，不断提升群众的获得感和满意度。

自成立蒋庄联勤工作站以来，多部门常态化入驻联勤工作站，通过工作阵地前移，联勤工作站已经成为"一网统管"城运系统的"神经末梢"，实现了信息互通、资源共用、工作联动、管理闭环、构建科学合理的城运体系。

（一）从单一条线走向联合统一

联勤工作站设于蒋庄村综治中心，漕泾镇平安办、司法所、规建办、城运中心、派出所、城管中队、市场监管等政府部门为成员单位入驻办公，实施"1+2+X"人员配置，即1名站长、2名副站长和1—2名派驻单位人员，全面盘活多方资源，开展高效处置行动，由原来各部门的"单兵"作战转变为"团队"合作，快速处理矛盾纠纷、违法违规行为、安全隐患等相关问题，为村民和来沪人员提供优质服务，切实破解基层治理"最后一公里"问题。

（二）筑牢群防群治平安联盟

重点关注蒋庄村域范围内的易制毒、易制爆和反恐重点企业，平台可显示这些企业的各类信息，企业联络员在发现问题后也可以直接对接联勤工作站。通过监控探头，联勤工作站人员可以实时看到企业周边主要干道的情况，最大限度挤压安全事故和违法犯罪的空间，当好群众的安全守护者。建立"一铺一档"，在平台地图上可以展示蒋庄路商铺经营的主要信息，如空间属性、食品安全检查、营业执照、消防安全、店内员工信息等；联勤队伍不断加强对蒋庄路商铺的巡防力度，守护村民平安，守住夜间的"烟火气"。

（三）推进应急预案体系建设

蒋庄村充分认识到应急预案体系在基层的"防护作用"，结合GIS系统，在"e联空间"平台上集成了多种预警预案，例如"双欠"预警、安全生产预案、防汛防台预案、消防处置预案、疫情防控预案等。目前，可以通过平台进行应急演练，确保第一时间发现并化解问题，将联勤工作站打造成为突发案件发生时的指挥中心，以实现动态隐患清零。

三、深圳:"社区发令、部门执行"

上令下达,是社会运作的常规模式,也是提升整体治理效能的重要通道;但反过来说,以基层为导向的现代高效能治理,需要更加突出基层社区的先导地位和实际问题的解决能力。尤其是在社会矛盾化解领域,大多数矛盾纠纷发生在基层,但事权职权却不一定在基层,这就容易形成"基层管不到、上级不知道"的尴尬局面,传统的上报沟通渠道耗时费力,已经难以适应快速的经济社会节奏。对此,近年来,拥有2000平方千米、1000多个城中村的深圳市为实现"群众诉求服务不过夜"的高效治理目标而开创形成的"社区发令、部门执行"机制,则开创了基层跨界协同治理的新路径(自下而上),抢抓了最早化解问题的机会,刷新了基层处置群众矛盾的速度和效率,事半功倍,基层信访治理效能得到显著提升。具体做法如下。

(一)在前期试点取得成功经验的基础上,全市各区大力推行群众诉求服务"光明模式"全覆盖

2021年,深圳市光明区信访局深入贯彻落实习近平总书记重要指示批示精神,对标国家治理体系和治理能力现代化,聚焦信访矛盾化解主责和新时代"枫桥经验",制定出台《关于进一步深化群众诉求服务"光明模式"的指导意见》《关于进一步深化群众诉求服务"光明模式"1+6系列工作方案》,从法治、阵地、队伍、服务、机制、系统6个方面全方位统筹群众诉求服务提升工作,创新打造了群众诉求服务的"光明模式"。具体而言,在全市率先建立健全1+6+31(1个区级群众诉求服务中心和6个街道、31个社区群众诉求服务大厅)的基层诉求阵地,引导基层群众碰到问题时第一时间向群众诉求服务中心求助,构建了"诉求服务在身边、矛盾化解在源头、问题处理在基层"的基层社会治理新格局。与此相适应,同步建立"1+6+31"和200多个公共法律服务点体系,形成"500米公共法律服务圈"。在此基础上建立重大信访事件,开通了群众诉求服务"书记在线"平台,以区委书记名义在网上统一受理群众诉求事项,主动倾听群众诉求,为辖区群众提供纠纷调处、法律、心理服务等一揽子服务。"书记在线"诉求事项按照"10分钟告知、30分钟处理、当天基本完成"

的要求推进化解,让"书记在线"成为群众反映诉求的"绿色通道",成为接地气、察民情、聚民智的"直通车"。① 群众还可以通过"i深圳""治理通"App、"光明区群众诉求服务"微信小程序的"人民建议征集"模块,足不出户提交各类诉求。利用大数据分析形成矛盾风险预警机制。64个诉求服务大厅(一类站点)视频会议系统实现全覆盖,全力推动群众诉求服务"光明模式"迭代升级"2.0版"。群众诉求服务开展以来(截至2022年6月30日),光明区共受理群众诉求67 667宗,已化解67 649宗,化解率99.9%,服务群众112.2万人,涉及金额23亿元。目前,群众诉求服务"光明模式"在全市各区推广落地。

(二)全面建立和实施"社区发令、部门执行"的高效运行机制

在基层治理中,深圳建构了"街道党工委—社区党委—小分格党支部"的基层治理三级党组织体系,以全区264个小分格为基层治理最小单元,再配合"社区发令、部门执行"的制度创新,赋权调动了社区党组织在改进基层治理效能中的权威性和主动性。深圳的"社区发令、部门执行"机制是一种创新的社会治理模式,旨在加快解决基层矛盾纠纷,提升社区治理效能。这一机制主要由区信访工作联席会议办公室授权社区党委,对需要区、街道相关部门参与调处的矛盾纠纷进行发令,各相关部门按要求到场调处。具体来说,当社区内出现需要协调处理的矛盾纠纷时,社区党委作为"发令者",会依据实际情况,向相关职能部门发出指令。这些职能部门包括但不限于市场监督管理局、区信访、街道综治办等。一旦收到社区党委的指令,相关部门必须按要求及时到场,进行调处工作。这种机制简化了以往的审批流程,避免了"社区向街道申请—街道向区级汇报—区级统筹调度"的烦琐环节,实现了信访纠纷源头地直接给区级部门"派单"。通过这种方式,可以确保矛盾纠纷得到第一时间的发现、受理、化解、确认和反馈,提高了治理效率和居民满意度。据悉,深圳市通过该机制将更多资源下沉到车流、人流、物流密集的地方,在工地、医院、车站、商圈建站设点,打造"500米群众诉求服务圈""500米公共法律服务圈"

---

① 《高效解决群众的"急难愁盼" 推进群众诉求服务"光明模式"创新发展》,载深圳新闻网,http://iguangming.sznews.com/content/2022-08/18/content_25316968_0.htm,2022年8月18日。

"500米社会心理服务圈",盘活资源,解决人民群众在就业、教育、医疗、社保、养老、食品安全、生态环境、社会治安等方面的各类诉求。例如,深圳市龙岗区宝龙街道同心社区的平安员成功预警了一起工地欠薪案。接到问题反映后,他们当日便以电子发令单形式,快速上传到平安"码上办"系统,社区信息员将调解需求秒批给调解员。8分钟后,调解员、社区街道相关部门便与工地的工人取得了联系。事后,在电话回访中,工人代表曹某点赞信访干部及时高效的处置方式。[1]

---

[1] 唐荣、亓瑶、吴佳星:《社区直接给部门"派单"掐灭信访苗头》,《法治日报》2021年8月18日。

第四章
超大特大城市提升基层社会治理效能的问题与挑战

超大特大城市是一个要素集中、多样性突出的超级复杂系统，在基层社会快速转型、社会利益分化诉求多元、政府治理体系多层次运行、不确定性因素不断增多的背景下，提高基层社会治理效能，是一个需要循序渐进、持续创新的复杂性系统工程。近年来，我国以上海、北京、深圳、成都等为典型代表的超大特大城市，借助国家顶层政策推动和自主实践创新，形成了一些富有特色的基层社会高效能治理模式和做法，也积累了诸多不尽一致的独特经验。但同时需要指出的是，在城市内部存在基层治理能力空间差异的总体格局下，除了部分城区或街镇社区探索形成一些"盆景式"高效治理方法，从整体完善基层社会治理体系、提高基层社会治理效能的全局要求来看，超大特大城市基层治理依然面临着诸多效能不高的体制瓶颈和实践挑战，制度改革、政策落地的任务依然较重。本章从完善社会治理体系、提高治理效能的视角出发，重点归纳、分析制约基层高效能治理的主要问题或短板，为超大特大城市持续寻求基层高效能治理路径提供决策参考依据。对此，根据调研，笔者聚焦基层社区居委会层面，将其归纳为6个方面的主要问题。

第一节 基层功能定位与多目标问题

街镇、居委会作为基层治理的重要主体之一，是国家治理体系的重要组成部分，也是决定基层治理效能的核心所在。基层治理主体明确的功能定位、治

上海城市治理报告(2024—2025)：提升超大城市基层社会治理效能

理价值取向和清晰的治理目标，是切实提升基层治理效能的内在决定性因素和重大牵引力。调研发现，当前我国超大特大城市基层社会治理中，街镇、居委会等重要治理主体，尤其是社区居委会处于国家与社会的"嵌入关系"的关键环节，[①]其功能定位不清晰、治理价值取向不够坚定、治理目标多元等问题，是制约基层治理效能的首要因素。党的二十大报告强调，"坚持大抓基层的鲜明导向"这一新要求，为共同提升基层治理效能指明了行动方向。具体问题分析如下。

一、城市基层治理主体的功能定位问题

新中国成立以来，我国在城市中全面建立健全了街道办事处—居民委员会（简称"街居制"）这一基本治理制度，并随着改革开放的进程和新时代城市经济社会发展的需要，不断完善街居制的相关法律法规，如1989年颁布、2018年修改的《中华人民共和国城市居民委员会组织法》，2022年第六次修订实施的《中华人民共和国地方各级人民代表大会和地方各级人民政府组织法》，对街道职能作出了13个方面的明确规定，对居委会的职能定位作出"居民自我管理、自我教育、自我服务的基层群众性自治组织"的清晰定位。居委干部把大部分时间花在走街串巷、入门入户、为民服务，带领社区居民共同治理共建家园，确保基层社区的和谐安宁，应是居委会的核心职能所在。但实践表明，目前，在我国特有的行政体制格局中，基层治理陷入科层组织的垂直化结构，上级政府往往以高位推动和行政命令的方式将其治理任务通过条线转移到基层政府，基层政府以组织控制和资源依赖的方式推动了基层自治组织的科层化，[②]使得城市社区居委会的治理演变成一种政府主导的行政化治理。这种过度的行政化治理由于受科层制本身的规范约束，虽然能够保证应有的治理秩序，但不一定能够提高治理效能，往往导致"行政有效，治理无效"的基层治理困境。综观我国超大特大城市街居职能定位及运行模式来看，这一问题主

---

① 童天阳：《城市社区居委会的自治困境与优化路径——"接诉即办"》，《国际公关》2023 第 12 期。
② 彭勃、杜力：《"超行政治理"：党建引领的基层治理逻辑与工作路径》，《理论与改革》2022 年第 1 期。

第四章 超大特大城市提升基层社会治理效能的问题与挑战

要体现在以下几个方面。

（一）街道的公共化功能定位不尽一致、落地落实难

街道作为城市基层治理的重要层级之一，一头连着区政府，一头连着居委会，是基层社会治理体系中的重要治理机构，是党和政府密切联系群众的重要纽带，也是解决群众切身利益问题的"最后一公里"。有句谚语说"街道是个筐，什么都能往里装"，充分说明了街道治理面临的现实困境，这种职责任务无边界的状况自然会严重影响基层的社会治理效能。因此，是否能够以效能为导向，合理确定街道的功能定位，就成为决定基层治理效能高低的首要决定性因素。

根据宪法和政府组织法规定，街道办事处作为城市城区政府的派出机构，是国家行政体系的最末端，依据法律、法规、规章和区政府的授权开展工作，几乎负责管辖区域的所有经济发展和社会管理工作，尤其是其经济发展功能，对推动中国城市创造快速蓬勃发展的"经济奇迹"发挥了不可忽视的作用。但随着中国城市经济的高质量发展转型、以人为本的新型城镇化要求、以人民为中心的发展要求及基层社会的深度转型发展等进程的推进，街道到底应该承担什么样的新型职能、发挥什么样的功能和作用，引发了广泛的理论探讨和实践探索。[1]

对此，武汉市在 2018 年新修订的《武汉市街道办事处条例》中，提出了街道办事处以辖区内的公共管理、公共服务、公共安全为工作重点的转变。近年来，上海、北京、南京等超大特大城市，结合城市经济社会转型和治理现代化的需要，对街道职能进行了新的探索和优化。例如，上海市 2016 年修订实施的《上海市街道办事处条例》，从职能定位、机构设置、经费投入、队伍建设等方面，进一步加强了对街道办事处的履职保障，尤其是全面剥离街道的经济职能而重新规划"三公"（公共管理、公共服务、公共安全）的核心职能定位，为推动基层"减负增能增效"及提高基层治理效能打下了坚实的制度基础和组织保障；北京市 2019 年版的《北京市街道办事处条例》，明确了街道办事处的 7 项职权（包括统一领导、指挥调度区政府工作部门派出机构，对其工作考核和人

---

[1] 文军、杜婧怡：《结构洞理论视角下城市片区治理的行动逻辑及其反思——基于上海市 F 街道的实践考察》，《河北学刊》2024 年第 1 期。

上海城市治理报告(2024—2025)：提升超大城市基层社会治理效能

事任免提出意见和建议等)和7项职责,明确将公共服务、城市管理、社会治理作为街道的核心职能,为基层减负的同时提供多方面保障措施。自2020年11月1日起施行的《天津市街道办事处条例》、2022年7月实施的《天津市区人民代表大会常务委员会街道工作委员会工作条例》,明确街道办事处组织开展公共服务、承担辖区生态环境保护、组织实施辖区平安建设工作等7项职责,并设专章进一步细化,实行以街域为"主战区"的"战区制、主官上、权下放"党建引领基层治理创新工作机制。同时,根据天津市部分街道办事处的工作实际,明确市和区人民政府可以根据实际确定街道办事处承担服务经济发展、推动城乡社区建设等职责。①

从上述三个超大城市的街道体制改革来看,在相互借鉴的基础上,尽管各自对街道办事处的规范规定表述不尽一致(如有的城市将社会治理作为街道的核心职能),但一个共同点是将其核心职能基本确立为公共服务、公共管理、公共安全三个方面,基本去除了街道原有的经济职能,这为切实提升基层社会效能提供了制度基础和法规保障。但需要指出的是,从我国超大特大城市的总体情况来看,尽管近年来都在推行基层街道的体制改革创新,但不是所有城市的街道都实现了整齐划一的职能转变,有的城市街道在承担公共服务、公共管理等职能的同时,依然承担着繁重的经济发展职能。毫无疑问,工作重心在哪里,成效可能就在哪里。对一个并没有将基层治理创新作为核心职能、资源基础条件有限的基层治理主体而言,势必导致其可能更偏重促进当地的经济发展,而注重民生、社会和谐、人民安心的基层社会治理效能就会相对减弱。

专栏1　不同超大特大城市之间的街道职能定位

根据上海市十四届人大常委会第三十二次会议表决通过《上海市街道办事处条例》,就街道办事处组织属性、主要职能、条块关系、公共服务等内容均予以明确。

---

① 《〈天津市街道办事处条例〉11月1日起施行 明确党建引领基层治理创新工作机制》,载央广网,https://baijiahao.baidu.com/s?id=1678863657124723873&wfr=spider&for=pc,2020年9月26日。

一、组织属性：街道办事处是区人民政府的派出机关，依法在辖区内履行相应的政府服务和管理职能。

二、主要职能：以辖区内的公共服务、公共管理、公共安全为工作重点，履行下列主要职能：

（1）统筹落实社区发展的重大决策和社区建设规划，参与辖区公共服务设施建设规划编制，推动辖区健康、有序、可持续发展；

（2）组织实施与居民生活密切相关的卫生、文化体育、社区教育、为老服务等社区公共服务，落实人力资源和社会保障、民政、计划生育等领域的相关政策；

（3）综合协调辖区内的城市管理、人口管理、社会管理、安全管理、住宅小区管理等地区性、综合性工作；

（4）组织开展对辖区内各类专业执法工作的群众监督和社会监督；

（5）动员社会力量参与社区治理，整合辖区内社会力量，形成社区共治合力，为社区发展服务，推动社区公益慈善事业发展；

（6）指导居民委员会等基层群众性自治组织建设，健全自治平台，组织社区居民和单位参与社区建设和管理；

（7）承担辖区社会治安综合治理有关工作，反映社情民意，化解矛盾纠纷，维护社区平安；

（8）做好国防教育和兵役等工作；

（9）法律、法规、规章规定的其他职能和区人民政府交办的其他事项。

三、条块关系：街道办事处按照精简、高效的原则，下设社区服务、社区管理、社区自治、社区平安等工作机构，并明确：

（1）对辖区内需要多部门协同解决的综合性事项，街道办事处有权对相关职能部门及其派出机构，按照职责就近、管辖有利的原则，进行统筹协调、考核督办。

（2）街道办事处可以召集由政府职能部门及其派出机构参加的联席会议，协调解决辖区内各类公共服务、管理和安全事项。

（3）街道办事处所属的城市网格化综合管理机构对巡查发现的辖区内城市管理、市场监管、街面治安等问题，应当及时派单调度、督办核查，指挥协调相关职能部门派出机构及时予以处置。

（4）城管执法、公安、市场监管等执法和管理机构应当加强协作，接受街道城市网格化综合管理机构的派单调度，及时反馈处置情况，并接受督办核查。

四、公共服务：街道办事处应当以服务群众、方便群众为导向，整合社区公共资源，健全公共服务网络，创新公共服务供给方式，增强社区基本公共服务的便捷性，提高社区基本公共服务的水平。市、区人民政府职能部门应当按照推动基本公共服务均等化的要求，通过制定标准、组织业务培训、合理配置资源等方式，为街道办事处开展公共服务提供支持和保障。

根据《北京市街道组织条例》，对街道办事处的相关职权作出如下规定：

一、组织属性：街道办事处是区人民政府的派出机关，在本街道党的工作委员会领导下，执行党的路线方针政策，依法履行辖区公共服务、城市管理、社会治理等综合管理职能，统筹协调辖区地区性、社会性、群众性工作。

二、主要职能：街道办事处应当依法履行下列职责：

（1）组织实施辖区与居民生活密切相关的公共服务工作，落实卫生健康、养老助残、社会救助、住房保障、就业创业、文化教育、体育事业和法律服务等领域的相关法律法规和政策；

（2）组织实施辖区环境保护、秩序治理、街区更新、物业管理监督、应急管理等城市管理工作，营造辖区良好发展环境；

（3）组织实施辖区平安建设工作，预防、排查、化解矛盾纠纷，维护社会和谐稳定；

（4）组织动员辖区单位和各类社会组织参与基层治理工作，统筹辖区资源，实现共建共治共享；

(5) 推进社区发展建设,指导居民委员会工作,支持和促进居民依法自治,完善社区服务功能,提升社区治理水平;

(6) 做好国防教育和兵役等工作;

(7) 法律、法规、规章及市、区人民政府作出的决定、命令规定的其他职责。

三、条块关系:街道办事处应当坚持党建引领"街乡吹哨、部门报到"。在本街道党的工作委员会领导下,加强社区治理,以到基层一线解决问题为导向,统筹协调、指挥调度区人民政府工作部门及其派出机构、承担公共服务职能的企业事业单位等,围绕群众诉求、重点工作、综合执法、应急处置等反映集中、难以解决的事项,共同做好辖区服务管理工作。区人民政府工作部门及有关单位应当接受街道办事处的统筹协调、指挥调度。

根据《天津市街道办事处条例》,对街道办事处的相关职权作出如下规定:

一、组织属性:街道办事处是区人民政府的派出机关,应当在本街道党的工作委员会的领导下,坚持职能清晰、权责一致、保障有力、高效便民的原则,依法在辖区内履行公共服务、公共管理、平安建设等相应的政府服务和管理职责。

二、主要职能:街道办事处应当依法履行下列职责:

(1) 组织开展公共服务,落实卫生健康、医疗保障、文化教育、科学普及、体育事业、住房保障、社会救助、养老助残、就业创业、退役军人服务、国有企业退休人员社会化管理、民族宗教、公共法律服务等领域的法律、法规和国家政策;

(2) 承担辖区生态环境保护、秩序治理、街区更新、应急管理、食品安全、人口管理等城市管理工作,营造辖区良好生活和发展环境;

(3) 组织实施辖区平安建设工作,预防、排查、化解矛盾纠纷,维护和谐稳定;

> （4）组织动员辖区居民、单位和各类社会组织参与基层公共服务和社会治理，统筹辖区资源，推动形成社区共治合力；
>
> （5）完善社区服务功能，指导居民委员会工作，支持和促进居民依法自治，指导、监督业主大会和业主委员会，提升社区治理水平；
>
> （6）做好国防教育、兵役等工作；
>
> （7）法律、法规规定的其他职责。
>
> 市和区人民政府根据实际，可以确定街道办事处承担服务经济发展、推动城乡社区建设以及前款规定以外的服务、管理等职责。
>
> 资料来源：《上海市街道办事处条例》《北京市街道办事处条例》《天津市街道办事处条例》。

（二）居委会功能定位的行政化倾向

社区居委会作为基层治理的"最后一公里"，正确依法履行基层群众自治组织的核心职能，走百家门、知百家情、解百家忧、暖百家心，是切实提高基层社会治理效能的关键所在。但实际上，在我国特殊的国家行政管理体系中，居委会一直承担着"政府的腿"的职能及过度行政化的问题，并没有真正发挥"居民的头"的功能，这无疑造成居委会工作始终围着上面转，上级部门安排什么工作，居委会就干什么工作，缺乏应有的工作主动性和组织居民进行自治的能力，甚至存在对居民诉求的"行政遮蔽"现象，隐藏了基层治理过程中的利益矛盾，无法有效、高效地解决矛盾。[①] 社区居委会如何依法保证履行其居民自治组织属性和职能，弱化过度的行政化工作倾向，就成为提升基层治理效能的根本性制度议题。这也得到了广大社会学者的一致认同，学者们围绕如何消解行政化治理难题，提升基层治理效能提出了诸多看法和建议。[②]

[①] 彭勃、杜力：《"超行政治理"：党建引领的基层治理逻辑与工作路径》，《理论与改革》2022 第1期。

[②] 周雪光：《运动型治理机制：中国国家治理的制度逻辑再思考》，《开放时代》2012 第9期。

第四章　超大特大城市提升基层社会治理效能的问题与挑战

对此,综观我国超大特大城市的治理实践发现,上海市为落实2014年上海市委"1+6"系列文件精神,在2017年修订出台了全国首部居委会工作地方性法规——《上海市居民委员会工作条例》,对居委会的职责任务作了明确规定,强调居委会作为基层群众性自治组织,要办理本社区的公共事务和公益事业,开展各类便民利民的社区服务活动,推动社区居民互相尊重、互相帮助,积极开展各类志愿者活动,切实把为民服务列为居委会的重要职责;同时,该条例强调发挥居委会在基层群众自治中组织者、推动者的重要作用;要求居委会适应社区治理的新形势、新要求,不断创新工作方式;此外,该条例还强化对居委会工作的综合保障,要求市、区人民政府应当建立居民委员会协助行政事项的准入管理机制,对居委会、业委会、物业服务企业"三驾马车"的关系作了梳理。①

北京市则在2019年出台《北京市社区管理办法》,对社区居委会作出"社区居委会是社区居民自我管理、自我服务、自我教育、自我监督的基层群众性自治组织"的明确定位,并提出设立与社区居委会职能相分离的"社区服务站"的要求。

上述条例或办法以规范的形式对基层居委会的自治组织职能及相关关系作出了统一硬性规定,对弱化居委会工作的行政化倾向、有效提升基层治理效能提供了强有力的法治保障,势必给基层治理效能带来正面效应。但反观国内其他一些超大特大城市发现,大部分城市对社区居委会的核心职能并没有作出法律规范,"上面千条线、下面一根针"现象依然较为突出,社区居委会承担了更多的行政管理和服务工作,甚至有些城市的居委会仍然要负责经济发展事宜。伴随"党建引领""技术治理"等机遇的是社区居委会将会承担更多职能,在更多的"比学赶超"中投入更多精力,陷入"内卷化"和"越做越忙"的执行困境。②

二、基层治理目标的多重性和复杂性

目标考核是做好各项工作的重要抓手。对任何一项治理活动或治理任务而言,制定相对清晰、有边界的治理目标,是提高治理效能的重要前提和基础。

---

① 王海燕:《上海通过全国首部居委会工作地方性法规:对行政清单以外事项,居委会有权拒绝》,《上观新闻》2017年4月20日。
② 凌争:《"以闲养忙":社区居委会的自主性研究》,《社会科学研究》2023第5期。

据此而言,针对街镇、居委会等基层治理主体来说,在国家治理体系中,明确基层治理主体所承担的中心目标,尽可能避免治理目标的多重性,对提升基层社会治理效能具有至关重要的作用。但随着从过去追求高速增长,到现在追求高质量发展,我国正进入目标多元、政策多元的新发展阶段,国家治理更加系统化,包括超大特大城市在内的各地基层治理从过去强调中心目标"切换"到现在统筹多重目标,基层治理面临"既要、又要、还要"的多目标齐头并进格局,各项指标全部刚性考核,有的目标之间相互冲突、相互打架,基层很难执行。正如在新冠疫情防控中,我国一些超大城市基层居委会既要防范好社区疫情的扩散和患者的协助转运工作,以期尽快实现动态清零的防控目标,又要保护好相关患者的个人信息和隐私,还要做好社区居民的全方位服务工作。实际上,其中有些目标看似合理合规,实则相互冲突或矛盾。现实也表明,在疫情患者转运救治的过程中,就是因为居委会缺乏对相关患者信息的及时公开和透明化,引发了社区居民不必要的恐慌以及对居委会的严重不信任。这只是应急管理中基层治理主体面临的多目标治理困境。实际上在常态化治理中,基层居委会经常碰到来自上级多线条部门的多目标任务,迫使基层治理主体根据不同目标的重要程度形成不同的行动策略和应付手段,看似做了大量的迎检工作,但实际上可能已经陷入了形式主义抑或无效治理当中。可见,结合国家意志和社会意愿,合理制定并明确基层治理的核心目标,理应成为切实提升基层治理效能的重大改革创新之举。

第二节 基层治理幅度与资源配置问题

街镇、居委会既是基层治理的主要主体之一,更是我国基层政区体系的基础区划类型和基层治理的基本空间单元,就这个意义而言,基层社会治理也是一种典型的基层空间治理体系抑或基层政区治理体系。行政管理层级的多与少、行政管理幅度的大与小,均与管理效率具有很强的关联性。[1] 如

---

[1] 王笑竹:《大数据时代行政管理层级与幅度》,《西部皮革》2018 年第 6 期。

果管理的幅度与层次是相称的,那么在管理的过程中,效率将会得到提高;反之,效率则会降低。① 同理而言,在城市街居体制背景下,在行政层级基本一致的情况下,街镇、居委会等治理单元的规模大小或管理幅度的差异,将直接带来不同的资源配置格局和效果,从而对基层社会治理效能造成显著影响。可见,处理好管理层级和管理幅度之间的关系,尤其是实现管理幅度的合理设置及治理资源的科学配置,是优化和提高基层治理效能的一个重要努力方向,也是观察和审视基层治理效能的一个重要视角。从这一视角加以观察,制约我国超大特大城市基层治理效能的问题,主要表现在以下两个方面。

一、基层治理单元规模的差异化及超大倾向

人口是社会治理的核心要素,构成社会治理的"底座";规模是社会治理的关键变量,关乎社会治理的效能。由人口和区域面积等要素定义的社会治理规模大小决定了社会治理的负荷。中国作为人口大国,党的二十大报告提出"人口规模巨大的现代化"是中国式现代化的基本特征,这反映在城市发展领域,就是进入21世纪以来随着我国城市化进程的快速发展(截至2023年末,全国常住人口城镇化率为66.16%),我国诸多城市地区不断吸引和集聚着国内外各类人才,如何实现巨大人口规模的高效能治理是基层社会治理面临的一个共同特征和普遍挑战。有数据显示,进入21世纪以来,我国年均新增城镇人口约为2 000万;平均每个街道覆盖8万人,最大服务人口(含流动人口)量超100万;平均每个社区居委会服务8 000人,最大的社区人口超过50万。② 综观上海、北京等超大特大城市,其街镇、居委会等基层治理同样面临着人口规模过大、人口密度过高及空间差异显著等问题和倾向。当资源有限、能力有限的街镇、居委会等面对这种情况时,这无疑给实现城市精细化治理、社会高效能治理带来巨大的挑战。

---

① 吕承文、葛璐嫒:《行政服务中心制度改革的检视与出路——基于幅度-层级的理论视角》,《中共杭州市委党校学报》2018年第1期。
② 张欣:《基层治理破解"超大"难题》,《瞭望》2023年第7期。

（一）街镇规模的过大化及显著的空间差异

治理空间在面积和人口规模上的适度化，是提高基层治理效能的首要基础和基本前提。街道作为区政府的派出机构，到底在人口和面积上应该保持多大的规模才能保证治理的高效性，目前尚无统一的标准和科学依据，尤其是当城市经济发展已经转向高质量发展、高品质生活、高效能治理的新发展阶段，基层治理单元的规模到底应该大一点还是应该小一点，仍然是一个值得探讨的改革议题。但我国，超大特大城市的一个共性问题就是，在中心城区人口高密度分布的大格局下，基层街镇普遍存在人口规模过大、人口密度过大、空间差异明显的问题，在形成治理效能先天不足的同时更容易造成治理效能的巨大失衡。根据2021年的数据，当前我国共有21个城市市域人口密度超过1 000人/平方千米，其中深圳超过了7 000人/平方千米；市域人口密度最高的10个城市分别是深圳、东莞、上海、厦门、佛山、广州、中山、汕头、郑州和无锡，其中前8个城市的人口密度超过了2 000人/平方千米。[①] 超大特大城市的中心城区人口密集更高，根据"七普"数据，上海中心城区人口密度达到了23 092人/平方千米、北京中心城区人口密度高达23 953人/平方千米，同时中心城区的基层治理单元更是人口高密度分布的主体所在，如上海黄浦、静安、徐汇、长宁、普陀、虹口、杨浦7个区77个街道和乡镇中，有57个街道和乡镇每平方千米常住人口密度超过2万人，占到上海常住人口总量的20%左右，其中黄浦和虹口所属的全部街道每平方千米人口密度超过2万人（见表4.1）；有12个街镇的人口密度达到4万人/平方千米以上，其中黄浦区老西门街道占地面积仅1.213平方千米，是上海所有街道和乡镇中面积最小的区域之一，但每平方千米人口达到了58 249人，是上海人口密度最高的街道，也是上海唯一人口密度大于5万人的街道。过高的人口密度本身就成为基层提高治理效能的巨大挑战。

[①] 林小昭：《中国城市人口密度榜：21城每平方公里超千人，深圳超7千人》，载第一财经网，https://www.yicai.com/news/101540925.html，2022年9月19日。

表4.1 上海各街道和乡镇分面积和分人口密度下常住人口分布

面积（平方千米） \ 人口（人）	5 000以下	5 000—10 000	10 001—15 000	15 001—20 000	20 001—30 000	30 001—40 000	40 001—50 000	50 000以上	总计
0—5		0.15%	0.1%	1.31%	6.75%	7.15%	4.04%	0.28%	19.77%
5—10	0.12%	0.28%	2.02%	4.07%	8.61%	0.67%			15.77%
10—15	0.49%	1.09%	1.85%						3.44%
15—20	1.1%	1.47%	0.84%	1.18%					4.59%
20—25	1.37%	3.59%	3.28%						8.25%
25—50	15.88%	7.33%	4.19%						27.4%
50—100	18.2%								18.2%
100以上	2.58%								2.58%
总计	39.74%	13.91%	12.29%	6.56%	15.36%	7.82%	4.04%	0.28%	100%

数据来源：吾叫阿鼎：《基于"七普"数据下的上海各街道及乡镇人口密度浅析》，微信公众号"魔都城市之眼"，https://mp.weixin.qq.com/s/sosG3XvUF6epxmBmuG78Sw，2023年8月17日。

更为重要的是，超大城市的街镇出现人口规模过大的倾向，并且相互之间在人口规模、面积规模方面存在较大的空间差异。例如，从辖区人口规模看，目前上海共有27个街道/乡镇常住人口数量超过20万，其中宝山大场镇以378 729人位居上海各街道/乡镇常住人口第一，而浦东三林镇、川沙新镇、北蔡镇、宝山顾村镇、闵行梅陇镇、嘉定江桥镇6个镇常住人口均超30万人，上海人口规模最大的街道与最小街道之间相差数倍甚至数十倍；从辖区区域面积来看，全市层面抑或同一类城区的不同街镇之间也存在巨大差异，如上海目前216个街道和乡镇中有136个辖区面积大于25平方千米，超过51个街道和乡镇辖区面积大于50平方千米，面积最大街镇与最小面积街镇相差50多倍；上海中心城区77个街道辖区面积全部在20平方千米以下，其中有40个街道辖区面积不到3平方千米，20个街道辖区面积还不到2平方千米；辖

上海城市治理报告(2024—2025)：提升超大城市基层社会治理效能

区面积最小的是静安区的石门二路街道，仅1.07平方千米，最大的是普陀区的桃浦镇，达到18.83平方千米，[①]两者极值相差近20倍。在管理幅度如此悬殊的情况下，如果都按照行政级别进行统一化资源配置的话，自然无法保证基层社会治理效能的整体性跃升。实际上，这种情况在北京、深圳、广州等诸多超大特大城市中都存在着，如北京通州区的梨园镇，在行政区划调整之前，镇域面积20平方千米，人口达40万人，其中户籍人口仅4万—5万人，镇域内村委会和居委会加起来有62个。北京还有亚洲最大的居住社区——面积63平方千米的回龙观、天通苑地区，常住人口达80多万人。如此庞大的人口服务和管理压力压在镇政府或社区头上，有限的工作人员经常顾此失彼，甚至陷入疲于奔命中，对提升治理效能提出更大的困难和挑战。所以，推行以规模调整重组为主的基层区划体制改革，无疑成为提升基层治理效能的根本制度选择。

　　实际上，近年来，我国超大城市已经注意到这个问题，也进行了一些卓有成效的探索和实践，如北京在2020年发布《北京市街道办事处设立标准(试行)》，对街道的设置标准，包括从管理幅度、常住人口城镇化率和社区居委会数量占比、公共服务设施、其他条件等方面提出了明确的设置条件。在管理幅度方面规定：首都功能核心区，包括东城区和西城区，街道办事处辖区面积一般不小于2平方千米，常住人口一般不低于5万人；首都功能核心区之外的中心城区和北京城市副中心，包括朝阳区、海淀区、丰台区、石景山区、通州区，街道办事处辖区面积一般不小于3平方千米，常住人口一般不低于5万人；其他区域，包括门头沟区、房山区、顺义区、昌平区、大兴区、平谷区、怀柔区、密云区、延庆区，街道办事处辖区面积一般不小于5平方千米，常住人口一般不低于3万人。原则上，首都功能核心区的街道办事处辖区常住人口不超过10万人，除此之外的街道办事处辖区常住人口不超过15万人。天津市在2021年发布《天津市街道设立标准》，和北京一样在相同维度上对街道设置标准作出

---

① 吾叫阿鼎：《基于"七普"数据下的上海各街道及乡镇人口密度浅析》，载微信公众号"魔都城市之眼"，https://mp.weixin.qq.com/s/sosG3XvUF6epxmBmuG78Sw，2023年8月17日。

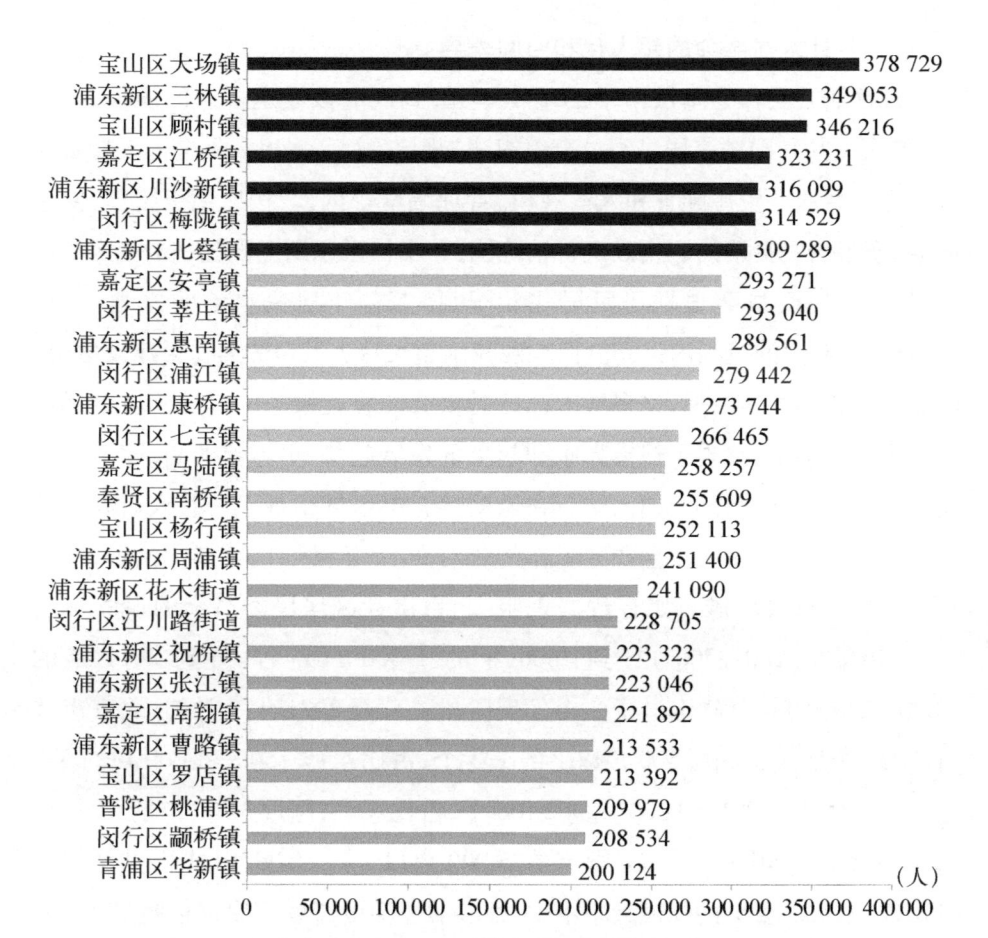

第四章 超大特大城市提升基层社会治理效能的问题与挑战

街道/乡镇	人数
宝山区大场镇	378 729
浦东新区三林镇	349 053
宝山区顾村镇	346 216
嘉定区江桥镇	323 231
浦东新区川沙新镇	316 099
闵行区梅陇镇	314 529
浦东新区北蔡镇	309 289
嘉定区安亭镇	293 271
闵行区莘庄镇	293 040
浦东新区惠南镇	289 561
闵行区浦江镇	279 442
浦东新区康桥镇	273 744
闵行区七宝镇	266 465
嘉定区马陆镇	258 257
奉贤区南桥镇	255 609
宝山区杨行镇	252 113
浦东新区周浦镇	251 400
浦东新区花木街道	241 090
闵行区江川路街道	228 705
浦东新区祝桥镇	223 323
浦东新区张江镇	223 046
嘉定区南翔镇	221 892
浦东新区曹路镇	213 533
宝山区罗店镇	213 392
普陀区桃浦镇	209 979
闵行区颛桥镇	208 534
青浦区华新镇	200 124

图 4.1 上海常住人口超 20 万的街道和乡镇人数("七普"数据)

数据来源:吾叫阿鼎:《基于"七普"数据下的上海各街道及乡镇人口密度浅析》,微信公众号"魔都城市之眼",https://mp.weixin.qq.com/s/sosG3XvUF6epxmBmuG78Sw,2023 年 8 月 17 日。

了明确规定,如在管理幅度方面规定:和平区、河东区、河西区、南开区、河北区、红桥区,街道管辖范围一般不小于 2 平方千米,且常住人口一般不低于 5 万人、不超过 10 万人;滨海新区和东丽区、西青区、津南区、北辰区,街道管辖范围一般不小于 3 平方千米,且常住人口一般不低于 4 万人、不超过 15 万人;武清区、宝坻区、宁河区、静海区、蓟州区,街道管辖范围一般不小于 5 平方千米,且常住人口一般不低于 3 万人、不超过 15 万人。这些新规标准的落地实施,为切实提升基层治理效能提供更加有力的制度保障和组织基础。

（二）社区居委会的超大化和空间差异

社区居委会作为基层治理的基本单元，到底应该设定多大的规模为宜？《中华人民共和国城市居民委员会组织法》规定：社区居民委员会的设置要充分考虑公共服务资源配置和人口规模、管理幅度等因素，按照便于管理、便于服务、便于居民自治的原则确定管辖范围，一个社区原则上设置一个社区居民委员会；居民委员会根据居民居住状况，按照便于居民自治的原则，一般在100—700户的范围内设立。但综观我国超大特大城市的居委会建设情况，随着城市化的快速发展，许多城市社区居委会的管辖服务人口规模已经远远超出了这一标准，出现了规模膨胀和超大的发展趋势；更重要的是，随着城市动拆迁进程的加速，部分超大城市在城郊接合部区域出现了一些人口高度集中的超大型社区，因居委会调整工作的相对滞后，给基层的精细化治理、精准化服务造成重大困难。如有数据表明，北京市社区居民委员会的设立标准从1990年的100—700户，到2000年的1 000户左右，再到2011年的1 000—3 000户，已经走过了三个发展阶段。截至2021年1月初，北京市共有3 236个社区，其中：500户以下的133个，占比4.1%；500—1 000户的318个，占比9.8%；1 001—3 000户的2 168个，占比67%；超过3 000户的617个，占比19.1%。其中，70个社区规模在5 000户以上。[①] 实际上，上海的情况也是这样，基层居委会的规模大小不一，很多居委会的管辖幅度远远超过了700户的规定。据相关统计，根据常住人口及居村委会个数的数据（截至2022年5月）粗略计算出，上海平均每1 363户配1个居委会；一个居（村）委会平均需对接约3 940名居民（见图4.2），在松江区这个数字甚至超过了5 199。[②] 面对如此大规模的管理服务人口，居委会有限的人力根本无法开展高效能的治理工作。这也是制约基层治理效能提升的关键因素，新冠疫情期间一些超

[①] 王琪鹏：《居住区多大规模可设居委会？权威解答：一般2 000户6 000人左右》，载北京日报客户端，https://baijiahao.baidu.com/s?id=16892157459892319325&wfr=spider&for=pc，2021年1月18日。

[②] 复数实验室：《居民有抱怨，居委很无奈：能决策的不到30%！上海城市的"末梢"治理难在哪？》，载微信公众号"上观新闻"，https://mp.weixin.qq.com/s/kEW-A7p7ZdhFDK_qxn-D9w，2022年6月2日。

大城市居委会层面出现的许多粗放型治理难题,充分证明了基本治理单元的管理幅度与权责匹配议题在提高基层治理效能中的特殊地位。对此,我国北京、上海等超大城市,充分汲取新冠疫情防控中发现的治理教训,近年来实施了社区居委会的拆分重组工作,也取得了一定的成效,相信会进一步推动基层治理的精细化、精准化、高效化。

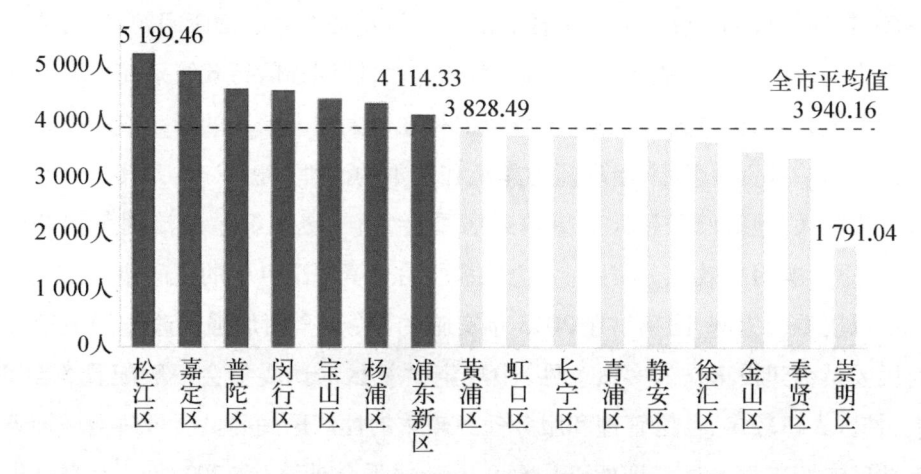

图 4.2　上海各区一个居委会管理服务的人口规模

数据来源:复数实验室:《居民有抱怨,居委很无奈:能决策的不到30%！上海城市的"末梢"治理难在哪？》,载微信公众号"上观新闻",https://mp.weixin.qq.com/s/kEW-A7p7ZdhFDK_qxn-D9w,2022年6月2日。

二、基层治理资源配置的户籍化倾向及影响

按照人口规模、地域面积、经济发展水平、社会发展能力等条件,因地制宜、科学化配置治理资源,实现治理资源供给与治理服务需求之间相匹配、相适应,是实现并提高基层社会治理效能的重要物质基础和前提条件。但实际上,综观我国超大特大城市的基层治理现状发现,在街镇、居委会等基层治理层面,对公共服务设施、社工人才队伍、经费投入等相关治理资源的配置上,尽管国家规划建设部门对社区的相关设施建设制定有相应的配建标准,但由于受国家行政体制运作的常规逻辑和惯性做法影响,各城市政府在基层软硬件资源的配置上,大多还是以行政等级、户籍人口规模为依据进行配置,甚至有

时候更侧重行政级别,只要行政级别一致,就可能实行同一数量的行政力量配置,对相关资金投入更侧重的是户籍人口数量而非实有的常住人口规模。这种配置方式的结果是,一方面,有限的治理力量或资源,无法有效满足大量常住人口的实际服务需求,也难以有效处置面大量广、复杂多元的社区公共事务,人手短缺、疲于奔命,成为基层社区工作者的工作常态,长此以往,在难以提高居民满意度的同时,社区工作者的职业倦怠乃至身心健康问题,就会成为严重影响基层治理效能的主要因素;另一方面,因同样的行政级别而采取的统一化配置方式,造成人口规模、区域面积存在巨大空间差异的街镇或居委会之间巨大的治理资源差距、治理能力差距和严重的治理失衡状态,尤其是一些人口规模巨大、地域面积超大的街镇或居委会,面临更加沉重的治理负担和压力,严重影响治理效能。实际上,这是基层治理资源配置中的空间错配问题。

以居委会为例,国家早在2013年实施的《关于全面加强和改进城市社区居民委员会建设工作的实施意见》中规定:"社区居民委员会一般配置5至9人,辖区人口较多、社区管理和服务任务较重的社区居民委员会可适当增加若干社区专职工作人员。"即便以最高9人的居委会计算,在2022年,上海全市平均1名居委会工作人员面对151户家庭,每1名居委会工作人员服务437名常住居民,远弱于全国平均水平(民政部2020年2月公布数据显示,全国共有65万个城乡社区,平均6个社区工作者守护一个社区,每名社区工作者面对350名群众)。这只是平均水平,实际上很多拥有几千户或万人规模的居委会或超大型社区,每个社区工作者需要服务面对的居民数量高达上千乃至数千群众,面对上级部门公共管理和公共服务职能的不断下沉,居委会工作人员很难做到高效能治理和高水平服务,尤其当遇到类似新冠疫情等重大公共危机事件时,居民的需求激增而居委会无法有效回应,大大影响了基层治理的效能和居民的满意度、获得感、安全感。对此,上海市在2022年出台《关于进一步加强党建引领基层治理的若干措施》,要求全市各区按照管辖户数配比,配齐社区工作者数量,在一定程度上缓解了部分大型社区的人力资源问题。同理,在城市管理、市场监管、综合执法、环境保护等方面,普遍存在基层治理人力资源的空间错配问题,直接或间接影响着基层治理的效能。

社区基础设施建设质量、水平直接关系人民群众的获得感、幸福感、安全感，也是影响基层治理效能的关键变量。但实践表明，除了人力资源配置问题，超大特大城市在社区硬件设施（办公场所、办公设施）、公共服务设施、经费投入保障等方面，也基本遵循着行政导向、户籍导向的配置模式，比如，不论街道或居委会地域面积的大小、人口数量的多少，都实行"一个街道或社区一个社区服务中心""一个居委会20万元经费支持"等一刀切做法，这必然造成一些大型街镇或居住社区面临更多、更大的资源紧缺问题以及公共服务的可及性和公平性挑战，难以做到精细化治理和精准化服务，从而难以持续提升人民群众的获得感、安全感和幸福感。

第三节　条块关系和基层治理负担问题

基层社会治理是全面提升社会治理效能的重心所在，深受治理体制机制的制约和影响。合理高效的治理体制机制安排，是切实提高基层社会治理效能的重要推动和保障力量。随着改革不断深入，改革所涉及的权力（权利）关系和利益关系更为复杂，国内面临的发展形势和外部环境也比过去更加严峻，超大特大城市的基层社会治理呈现更加明显的复杂性和艰巨性，需要从系统性、整体性、协同性的体制机制创新视角来审视并破解基层高效能治理的困境和难题。[①] 超大特大城市基层治理的实践表明，基层治理效能的提升仍然囿于传统的条块关系困境之中，在权力（权利）不清晰、不一致、不对等格局下，街镇、居委会等基层治理主体处于超负荷运转和内卷化状态，给"以人民为中心"的高效能治理的实现带来根本性制度障碍。总体而言，主要体现在以下几个方面。

一、条块关系不顺的治理体制机制问题

街道、居民委员会作为超大城市的基层治理单元或主体，一方面时刻镶嵌

[①] 向春玲：《基层治理新趋势：以系统化改革破解基层治理的难题》，《北京行政学院学报》2024年第1期。

于国家纵向的行政组织体系之中,受到来自纵向的科层组织的运行逻辑和制度约束;另一方面作为相对完整、行政区导向的基层治理空间单元,也是一个涉及多个领域的"块"面治理主体。因此,从治理体制机制上,如何明确街镇、社区居委会及其上下级关系的权属与责任,处理好基层治理单元面临的上下左右关系(条块关系),是提高基层治理效能的重要制度性因素。从理论上来说,基层治理效能与治理体制机制之间存在着密切的关系,两者相互依存、相互促进。

首先,治理体制机制是提升基层治理效能的重要保障。有效的治理体制机制能够确保基层治理工作的有序进行,为基层治理提供制度保障和行动指南。通过建立健全的基层治理体制机制,可以明确各级政府和各类组织在基层治理中的职责和权限,确保各项治理措施得到有效执行。同时,治理体制机制还可以规范基层治理的行为和程序,防止权力滥用和腐败现象的发生,提高基层治理的透明度和公正性。

其次,基层治理效能的提升又能够推动治理体制机制的完善和创新。基层治理效能的提高意味着基层治理工作取得了显著成效,这不仅能够增强人们对治理体制机制的信心和认可,还能够为治理体制机制的进一步完善和创新提供实践经验和借鉴。通过不断总结基层治理的成功经验和做法,可以进一步优化治理体制机制,提高治理的针对性和有效性。

最后,基层治理效能与治理体制机制之间还存在着互动关系。一方面,治理体制机制的创新和完善可以激发基层治理的活力,推动基层治理工作不断向前发展;另一方面,基层治理效能的提升也可以为治理体制机制的创新提供动力和需求,促进治理体制机制的持续优化和升级。

近年来,上海、北京、深圳、成都等超大特大城市对基层治理体制机制进行了诸多放权赋能增效的改革创新,形成各自富有特色的改革模式与成效,在一定程度上,为理顺条块关系、增强治理效能注入了制度活力。目前,我国进入现代化发展新阶段,中央提出基层治理体系和治理能力现代化,大抓基层治理鲜明导向,提高基层治理效能,为基层治理指出了发展方向,也提出了新的要求。根据笔者的调研发现,普遍来看,当前超大特大城市基层治理运行中依然无法摆脱传统"条块"关系的结构性矛盾,[1]在基层治理体制机制方面依然面临诸多难点和堵点,跨界治理的整体性、系统性、协同性还有待进一步提升。

(一)上下权责关系的法制化薄弱,基层赋权赋能的实际效能有待提升

不管是在街镇层面,还是在居委会层面,作为最接近基层民众的一线治理主体,为实现基层的高效能治理,要求基层治理主体在碰到各种公共管理问题时,能够快速整合资源、调集力量,以合理、合法、合情的方式,在最短时间内加以处置和解决,消除可能引发更大危机或安全的隐患,确保社会总体稳定与社区居民的和谐安宁。近年来,虽然我国一些超大城市为了解决基层"权小责大"的问题,根据"眼睛向下、面向基层、下沉力量"的原则,层层推行了向基层赋权赋能的行动,如有的城市明确赋予街道"五大权力",实行"街乡吹哨、部门报到"等。但这些改革措施在破解一些治理难题("街道、居委会看得见的管不着,上级职能部门管得着的看不见")的同时,在上下级权责关系法制化建设缺乏刚性的情况下,基层又开始面临"事权过度下放""赋权不赋能"等现实治理难题,基层能够高效开展工作、快速处置问题的制度环境还不够理想,赋权赋能的实效性有待增强。一方面,事权过度下放导致基层权责失衡。上级政府将大量事权赋予街镇,看似权力"迅速扩大",实则是管理责任增大。例如,2019年沿海某省政府发布《关于赋予经济发达镇行政管理体制改革试点镇部分县级行政职权的决定》,赋予经济发达镇325项县级行政职权。然而,由于缺乏有效的评估机制,往往以放权数量作为评估改革的首要指标,致使基层政府承接失效。有调研显示,镇级质监站在改革后需要承接特种设备监管、电梯监管、锅炉等400多项专业性极强的执法任务,但承接能力有限,导致短期内部分事权被悬置。[2] 另一方面,在"重心下沉"的导向下,层层都在开展向下赋权赋能行动,但现实中一些城市存在"赋权不赋能"的现象,权力下放不同步、不完整,导致基层空有权,却无能;一些事项的权力和责任下放了,

---

[1] 向春玲:《基层治理新趋势:以系统化改革破解基层治理的难题》,《北京行政学院学报》2024年第1期。
[2] 蔡銮卉:《提升基层政府事权承接的有效性》,《中国社会科学报》2022年3月2日。

但相关的履权能力、配套政策没有同步下沉。在基层干部看来,上级把一些事项一股脑儿下放后,后续出现监管、服务跟不上等问题,却需要基层自己解决,上级有"甩锅"嫌疑。[①] 正如调研表明,有些城市上级部门向社区居委会下放了有关检查辖区食品安全、消防安全等方面的检查排查责任,但平时并没有对居委会干部开展相关的培训,面对如此专业的治理行为,居委会因缺乏专业能力而难以发现真正的问题所在,即便发现问题也没有执法权和处置权。这样的赋权治理很难从根本上提高基层治理的效能。

(二)基层现有管理体制难以适应基层治理出现的新情况、新问题

超大特大城市作为经济最发达、最创新、社会活力十足的地方,随着城市化进程的加速和经济社会的快速发展,城市基层治理的复杂性和艰巨性不断增加,尤其是一些新兴产业、新业态、新模式、新职业、新群体的出现,对基层治理提出了新的要求。然而,传统的条块管理体制往往难以适应这种变化,导致在一些关键领域和环节出现治理空白或治理失灵。例如,就新兴产业带来的挑战而言,随着科技的不断进步,新兴产业如人工智能、大数据、云计算等快速崛起,这些产业具有高度的技术性和创新性,对基层管理体制提出了更高的要求。然而,传统的基层管理体制往往缺乏对新技术的了解和掌握,难以有效监管和引导新兴产业的发展。此外,新兴产业的快速发展也带来了大量的创新企业和项目,基层管理部门在审批、监管、服务等方面往往难以跟上节奏,导致管理滞后。就新业态带来的挑战而言,如共享经济、在线教育、远程医疗等,这些新业态具有灵活多变、跨界融合等特点,但基层管理体制的滞后和僵化,往往难以有效应对新业态带来的新问题和新挑战。就新模式带来的挑战而言,在经济社会发展过程中形成的新的经济运行方式和组织形式,如平台经济、众包众创等,打破了传统的产业边界和组织形式,使得经济活动更加灵活和高效。然而,基层管理体制的局限性和惯性思维,往往难以适应新模式的变化,导致管理效果不佳,这也给基层管理体制带来了挑战。就新群体带来的挑战

---

① 郑生竹、白田田、胡伟杰等:《不是不想接,基层接不住——基层放管服"放权接权"调查(下)》,《半月谈》2020年第24期。

第四章　超大特大城市提升基层社会治理效能的问题与挑战

而言,在经济社会发展过程中涌现出的诸如自由职业者、网络主播、跨境电商从业者、快递小哥、网约车司机等新的社会阶层和群体,具有高度的流动性和自主性,基层管理部门需要加强对新群体的服务和管理,提供全方位、精准化的"菜单式"服务,以"有温度"的基层治理提升新就业群体幸福感、获得感,维护社会稳定和公平。然而,由于基层管理体制不完善、信息不对称等,往往难以有效掌握新群体的动态和需求,导致管理难度加大。

(三)城市基层治理中的条块体制矛盾还表现为跨部门、跨区域的协同难题

由于条块分割,不同部门、不同地区往往难以形成合力共同应对城市治理或基层治理中的各种挑战。一方面,因科层制的专业分工特性,使得从区到街镇、从街镇到居委会的不同层级上,由于政府(区、街镇)内部各部门之间缺乏必要的信息沟通和共享机制,每个部门都是根据工作需要向基层隶属部门派遣任务或要基层提供相关数据材料,从而不仅造成基层治理实践中的部门分割或碎片化问题,而且给基层居委会造成了许多重复性工作,增加了负担。更重要的是,因大部分超大特大城市政府并不都像北京建立较为高效的"街乡吹哨、部门报到"机制,抑或像深圳光明区建立有解决矛盾纠纷的"社区发令、部门报到"机制,当基层街镇或居委会碰到自己无法处置的现实问题时,常常难以理直气壮、无障碍地通过吹哨的方式调动集合上级职能部门进行多部门联合高效处置。跨层级、跨部门治理机制建设相对滞后或欠缺,在一定程度上削弱了基层治理的整体效能,也影响了城市的整体竞争力。另一方面,因超大特大城市的城市化发展具有整体性、开放性和社会流动的跨边界性,现代复杂高密度城市街区越来越多,基层碰到的很多治理问题具有显著的跨域性特征,本质上可能属于整个城区或整个城市乃至某个区域性的问题,单靠基层辖区自身的力量难以得到有效解决,这势必要求多个基层治理单元之间开展有效的合作与协同,尤其是一些处于多个城区交界的多个街镇之间,抑或若干相邻街道的多个居委会之间等,在基层治理资源配置、服务供给、联合执法、党建共建等方面都需要进行横向协作与共治,通过搭建多部门、多社区参与的跨界治理共同体,以"多元复合跨域""全链条协同"为工作体系的社区治理机制,形

成多元的社区跨域协同治理方法,才能对各种跨域性治理问题作出更加高效的治理回应。但在实践中,尽管我国超大特大城市的一些基层社区针对碰到的典型性跨界治理难题,开创并形成了一些富有特色的跨域治理新模式,相关问题也得到了有效解决,但普遍来看,跨领域、跨空间、跨地域的跨域协同治理机制尚未形成基层治理的基本制度体系,大部分基层治理依然受制于属地管理下的各自为政之中,"毗邻党建"为引领的跨域协同治理新模式并未全面健全,对基层治理效能未带来有效的影响。

二、多领域、多样化的基层负担过重问题

正是由于基层街镇与上级政府之间、居委会与上级街镇之间权责关系欠缺法制化,以及近年来大量管理事务或治理重心的不断下移,直接导致基层承担着过量的行政管理事务,尤其是社区居委会被纳入科层组织体系后过度的行政化倾向,使其承担了大量超出自治以外的行政协助事宜,来自上级的检查考核名目繁多、任务沉重,在人力资源、物质资源等有限的情况下,给其造成了巨大的工作负担,使得居委会工作者没有精力和时间走街串巷、入户访问,为民服务、组织群众自治的时间被大大压缩,从而影响了基层社会治理效能的稳步提升。这一情况,尤其在我国超大特大城市的大型街镇、大型居委会当中表现得更加突出。当然,基层负担过重也是基层治理面临的一个全国性普遍问题,整治形式主义为基层减负,成为党中央连续6年专门部署推动的重要工作,我国各大城市也根据中央要求进行了切实有效的改革,取得一定成效。但笔者调研发现,总体看,超大特大城市社区居委会依然面临多样化、多领域的负担过重问题,消减了基层干部干事创业的积极性,表现在以下几方面。

(一)居委会开具多样化证明的情况依然存在

众所周知,居委会为居民开具各类证明,是基层居委会承担的一项重要为民服务工作,但由于缺乏相应的法律依据和权限边界,一度被戏称为"社区万能章",只要居民有需求,居委会就可以开亲属关系证明、身份信息证明、困难家庭证明、养犬证明、死亡证明等。有人大代表调研发现,在2020年时有些城

第四章　超大特大城市提升基层社会治理效能的问题与挑战

市社区需要开具证明的事项一度多达110多项。[①] 在某种意义上讲,这一工作的确为社区居民办事、生活上提供了帮助和便利,但也使社区居委会增加了不少负担。尤其是随着城市经济、社会和技术发展的复杂性及社会的高速流动性,居委会对居民的很多情况并未掌握、无法核实,明显超出了能够证明的能力,一些证明事项明显与社区居委会、村委会的自身角色和法律相冲突,在居民不理解的情况下,经常出现居民为了证明"跑断腿"、居委会不开证明进而引发冲突的社会现象。为此,2020年,民政部等六部门联合出台《民政部 国家发展改革委 公安部 司法部 人力资源和社会保障部 国家卫生健康委关于改进和规范基层群众性自治组织出具证明工作的指导意见》,部署开展"社区万能章"治理专项行动,明确了"不应由基层群众性自治组织出具证明事项清单(第一批)",亲属关系证明、居民身份信息证明、居民养犬证明、健在证明等20项证明社区不再开具。以此为指导,全国各地(包括超大特大城市)纷纷出台有针对性的政策措施,努力改革并打通造成"各个部门都要居委会开证明"的运行机制和数据堵点,切实减少和压缩居村委开具证明的数量、界定开具证明的边界。例如,上海在2015年出台《关于规范管理本市居委会和村委会协助行政事务的指导意见》《关于规范管理本市居委会印章使用的指导意见》,明确22类事项可由居委会加盖证明印章,对结婚证丢失后的婚姻关系证明等20项事项,明确规定"不列入居委会证明类印章使用事项"。2023年,浙江省民政厅、省委农办印发《浙江省涉村(社区)事项清单(2023版)》,对"浙江省村(社区)取消和禁入的事项清单""浙江省村(社区)出具意见和盖章事项保留清单""浙江省村(社区)出具证明和盖章事项取消清单"予以明确。调研表明,这些政策的推行使得"社区万能章"现象有所减少,但仍有一些企事业单位和办事机构要求居民群众找居委会开具各类证明文件,"人情章""关系证明"等传统印章使用痛点时有发生,成为影响社区稳定的隐患点。例如,某超大城市居委会遇到了外区人员要求开具与去世外公(住本小区)之

[①] 任然:《马上评:"社区万能章"瘦身,为基层减负撑腰》,载澎湃新闻,http://m.thepaper.cn/newsDetail_forward_7176232,2020年4月28日。

117

间的关系证明,用来向单位请丧假,居委会因无法掌握相关情况拒绝开具,当事人争执无效后拨打了12345投诉,居委会为此花费了极大精力进行解释说明,影响了居委工作效能;某居委会居民申请减免孩子的学杂费,社保中心要求提供居委会开具低收入证明。事实上,居委会并不掌握辖区居民的财务情况,开具此类证明缺少法律依据。作为基层群众性自治组织,居委会的主责是服务居民,但在实际工作过程中,面对层出不穷的"奇葩"证明,居委会往往会陷入两难境地,不仅虚耗了工作人员的精力,也给居民群众的办事带来不便,容易引起居民群众的不满,影响社区稳定。

(二)台账多、报表多、数据繁杂、多头报送情况仍较普遍

由于传统的工作方式和上级部门间数据信息的不共享协同,导致基层街镇和居村委层面,尤其是提供各种数据来源的一线居村委层面,要承担来自多个部门的数据报表任务,各种工作台账占去了居村委会工作人员的大量时间,严重影响基层治理的效率和效能。这也是包括超大特大城市在内的一个全国性问题,成为各大城市推行基层减负的改革重点。例如,杭州在实行数字化治理改革前,某街道下辖15个社区,200多名社工要服务11万人口,社工每月要处理各类表格多达500余张,占据了40%的精力。2022年开始,杭州市从社区工作者和居民需求出发,以数字化改革为抓手,围绕社区报表"一表通"、惠民政策"一键达"、数智治理全周期等重点,试点开发"一表通"应用场景,梳理明确415张高频报表、418张低频报表、444张取消报表,编制数据目录852个、数据项11 278个,提取关键字段建立数据池,并按照报送频次、复用程度,由社区一并采集、一次录入,补全字段空缺、流入数据基池,实现多头调用、多次复用,有效打破传统数据"有去无回""只报不存"的弊端,上城区全区填报表单减少2/3,社区平均每月填表、核查时间减少78小时。[1] 调研表明,对此问题,不同城市乃至辖区内不同街镇或社区之间,因数字化发展水平和数字治理能力的差异,并不是所有街镇和居委会都得到了有效的解决,只是在个

---

[1] 《杭州:"数智治理"引领社区减负服务"加速"》,载微信公众号"浙江民政",https://mp.weixin.qq.com/s/F3dO9V_L1ijr0Zd1Jz4YVQ,2022年10月28日。

别城市及其部分基层治理单元中形成了比较高效的治理局面,基层负担得到了显著改善,但在大多数城市中,基层街镇和居村委依然面临着需要完成来自多个条线报表的艰巨任务。有的城市基层虽然总的填报数量不多,但种类多、内容杂、格式乱的情况比较突出。一个新的动向是,台账报表从纸质版到电子版后,现在逐步发展到要维护多个部门信息系统,导致居村委工作人员把大量的时间花在电脑前,无法走出办公室、走进社区居民,引发基层民众的不满。

（三）各种形式主义的考核评比检查依然较多

针对任何一项基层治理任务或事项而言,开展自上而下的检查、考核、评比等活动,是确保相关治理目标如期实现的重要手段和重要保证,但在"上面千条线、下面一根针"的基本体制格局下,如果上级部门各自为政、多头重复地进行检查考核,必然导致基层应接不暇或有选择地应付,在给基层带来沉重负担的同时,与提高治理效能的目标形成背道而驰的效果。从全国层面看,2019年经过整治,文山会海、督查检查、考核过度、台账留痕有所减少。然而多头考核评比之后又蜂拥而至,如高质量发展指标考核、法治建设考核、依法治区考核、深化体制改革工作考核、营商环境考核、作风建设考核、信访工作考核、党建工作考核、对口条线工作考核等,这些考核由不同考核单位开展,被考核单位不得不填表格、印台账、核算分数、对上协调,工作人员忙得无所适从,单位领导坐卧难安。2024年1月22日,《北京日报理论周刊》发表《基层考核在技术上不断升级,造成基层工作越来越卷——如何打破"基层减负越减越重"的怪圈》,指出当前基层的考核特别细、排名问责特别严,细致而严厉的考核是造成基层负担重的直接原因,结果就是资源被大量消耗、干部变得"假积极"和"假消极"共存、无法持续的内卷式发展局面。[①] 对此,我国一些超大特大城市也进行了卓有成效的纠正与改革,但由于改革进程、改革深度不一,在居村委层面,依然承受着来自多个条线部门的考核评比压力,依然面临

---

① 桂华:《基层考核在技术上不断升级,造成基层工作越来越卷——如何打破"基层减负越减越重"的怪圈》,《北京日报》2024年1月22日。

考核部门多、考核频次多,个别考核指标设置不合理,存在隐性考核、变相考核等情况。此外,近年来出现的各种数字化考核排名,导致基层干部到处动员群众下载相关软件、点赞等活动,也给基层造成一定负担,不利于基层社会治理效能的提升。

第四节　社区多主体共治的参与程度问题

基层社会治理是一个由政党、政府、市场、社会组织、居民等多元主体共建共治的集体协同行动过程,多元主体参与的程度与共治合力的大小,在一定程度上对于提升基层治理效能具有重要的推动作用。对此,近年来我国超大特大城市按照"人民至上"的理念,认真贯彻落实党的二十大报告提出的"全过程人民民主",大胆探索实践,以党建为引领,开创形成了一系列富有特色的多元共治新模式,初步形成了人人参与基层治理的良好治理氛围和局面。2023年末,习近平总书记在上海考察时强调,"要全面践行人民城市理念","把全过程人民民主融入城市治理现代化,构建人人参与、人人负责、人人奉献、人人共享的城市治理共同体"。[①] 这实际上对包括上海在内的超大特大城市走出一条中国特色超大城市治理、基层治理现代化新路提出了更高要求,也为切实提升基层治理效能指明了努力的新方向。就此而言,笔者认为,我国超大特大城市基层高效能治理主要存在多主体参与程度不一、社区社会组织发展不够、基层民众参与的主动性不够等问题。扩大多主体参与的深度、提高协同共治合力等方面,仍需改进和提升。

一、多主体参与基层治理的程度不一

从参与主体的角度来看,基层治理涉及政府、社区组织、企业、居民和社会组织等多个主体。从理论和实践看,政府、社区组织、企业、居民和社会组织等

[①] 《构建人人参与、人人负责、人人奉献、人人共享的城市治理共同体》,载央广网,http://news.cnr.cn/dj/sz/20231208/t20231208_526513033.shtml,2023年12月8日。

第四章　超大特大城市提升基层社会治理效能的问题与挑战

多方共同参与的格局,对提高基层治理效能具有重要的推动作用,如:有助于增强治理合力,提高治理效能;有助于促进不同主体之间的信息沟通和资源共享,从而更好地解决基层治理中的问题和挑战;企业和社会组织的参与可以为基层治理提供专业的服务和政策建议,提升治理的专业性和科学性,为治理工作提供有力的支持;通过共同参与治理工作,不同主体之间可以建立更加紧密的联系和合作关系,形成共同的价值观念和目标追求,从而增强社会的凝聚力和稳定性。近年来,随着社会发育的不断成熟,广大市民公共参与意识、自主性意识的增强,我国超大特大城市基层治理中,各种类型的基层党建得到创新性发展,对基层治理的引领功能显著增强,总体上形成了"一核多元"的党政统合性治理格局,探索形成诸如上海的"社区规划师为主的参与式社区规划"、"三会"制度(黄浦区五里桥街道)、"老班长志愿团"(浦东新区),北京的"朝阳群众""西城小哥",广州的"广州街坊"等新模式,基层社会的凝聚力有了较大程度的提升。但调研发现,上述激励多元主体参与的一些新模式,目前还处于个别区、街镇或村居委的"盆景"发展阶段,并没有成为全市统一的参与"风景";更重要的是,除了所有街镇、居村委都共同重视并发挥党组织、政府部门的引领和负责型参与及各类群团组织的社会协同型参与,相对而言,在不同街镇或居委会之间,多主体参与治理的程度(广度、深度)明显不一,发动并组织各种力量共同参与基层公共事务治理的能力存在较大差别,普遍呈现市场企业参与程度弱、社区社会组织参与有限、居民参与面不广、新就业群体参与十分有限等特征。尤其是如今依托现代网络科技快速崛起的新经济、新业态、新模式,在超大特大城市形成了规模较为庞大的以网约车司机、货车司机、外卖员、快递员、网络主播等为代表的新就业群体(据统计,上海市新就业形态劳动者已超过300万人;在北京,该群体仅日活跃量仅达到25万人;广州全市5个行业从业人员近80万人),他们分散居住在不同的社区之中。面对如此庞大的新兴就业群体,服务管理不到位可能带来治理问题和风险隐患,如果能做好服务、加强引领、凝聚力量,就能成为辖区提升基层治理效能的重要补充。党的二十大报告提出,"加强灵活就业和新就业形态劳动者权益保障","加强新经济组织、新社会组织、新就业群体党的建设",如何能让不断壮大的"新兴力量"深度参与基层治理,是当今我国超大特大城市基层高效能治理的一个现实挑战。

二、社区社会组织发展及参与能力有限

社区社会组织作为基层治理的重要参与主体,其在提升治理效能方面发挥着不可忽视的作用。

首先,社区社会组织通过参与基层治理,能够有效增强治理的民主化与公正性。这些组织通常由社区居民自发成立,代表着广大居民的利益诉求。它们通过参与社区决策、监督社区事务等方式,确保基层决策的透明化与公开化,提高决策的合法性与公正性。这不仅有助于增强居民对基层治理的信任和满意度,还能够激发居民参与社区事务的积极性和主动性。

其次,社区社会组织依托自身的知识储备、资源优势和技术能力,可以为基层治理提供专业化的服务和支持。这些组织通常具有较为完善的组织结构和运行机制,能够针对社区治理中的具体问题提供专业的解决方案;同时,他们还可以整合各类资源,为社区提供教育、文化、卫生等方面的服务,满足居民多样化的需求。这些专业化的服务和支持能够显著提升基层治理的效能和水平。

最后,社区社会组织作为联系社会成员的重要纽带,能够通过开展各类活动和项目,增强社会凝聚力与稳定性。它们通过组织居民参与志愿服务、文化娱乐、体育健身等活动,增进居民之间的交流和互动,促进社区内部的和谐与稳定。这种社会凝聚力的提升有助于减少社区内部的矛盾和冲突,为基层治理创造更加良好的社会环境。

我国超大特大城市在基层治理实践中,把培育社区社会组织作为提升基层治理效能的重要抓手,遵照民政部办公厅在2020年印发的《培育发展社区社会组织专项行动方案(2021—2023)》和2022年发布的《民政部 中央文明办关于推动社区社会组织广泛参与新时代文明实践活动的通知》,制定了许多配套性政策措施。如上海市民政局2021年下发《关于高质量发展上海社区社会组织的指导意见》《上海市高质量发展社区社会组织专项行动实施方

案》,提出到"十四五"末,实现全市各城市社区平均拥有不少于12个社区社会组织,农村社区平均拥有不少于7个社区社会组织的目标。截至2021年,上海全市社区社会组织总量已经超过3.3万家。北京市委社会工委与市民政局联合市发展和改革委员会、市财政局、市农业农村局于2019年印发《关于培育发展社区社会组织的实施意见》,明确7项具体支持措施;2021年,市委社会工委市民政局印发《北京市培育发展社区社会组织专项行动实施方案》,明确五大工程以推动社区社会组织助力基层社会治理,修订出台《北京市社区社会组织备案工作规则》;2022年,以市委、市政府名义出台《关于加强基层治理体系和治理能力现代化建设的实施意见》,明确"畅通社区社会组织参与基层治理渠道"。截至2022年12月,北京市备案的社区社会组织数量达到7.5万余家,较2019年增长了257%。[①] 此外,还培育形成了一大批社区基金会。这些社区社会组织在持续增进民生福祉、助力城市治理体系和治理能力现代化方面积累了实践经验,在更好地为社区居民提供专业化、社会化、多样化服务等方面发挥了不可或缺的作用。尽管如此,但从提供基层治理效能的角度来说,社区社会组织参与基层治理也面临着一些挑战和限制。例如,社区社会组织结构类型不够平衡,文体科教类的社区社会组织较多,环境物业类、治安民调类、共建发展类等真正能够直接参与基层治理的社会组织还比较少;相当数量的社区社会组织成员单一,多以退休人员为主,专业人才不足,资源配置能力不强,不能完全满足居民精准化、精细化的服务需求;由于受新冠疫情及各级财政紧缩的影响,政府的政策支持有限,一些社区社会组织缺乏足够的资金和资源支持,导致其参与基层治理的能力受限;[②]同时一些组织因管理不规范、运作不透明等问题,影响了其在基层治理中的积极作用。因此,政府和社会应加强对社区社会组织的培育和支持,提高其参与基层治理的能力和水平,这是切实提高基层治理效能的重要路径选择。

---

① 魏朝阳、陈谊、朱娟等:《社区社会组织参与基层治理的北京实践(上)》,载微信公众号"国家治理与人才发展研究",https://mp.weixin.qq.com/s/0TXrZJGdI_UywXXzdxe-oA,2024年3月8日。
② 魏朝阳、陈谊、朱娟等:《社区社会组织参与基层治理的北京实践(下)》,载微信公众号"国家治理与人才发展研究",http://mp.weixin.qq.com/s/Fs8osoIX8JfPV_hl7kN2AA,2024年3月11日。

三、基层民众参与的覆盖面及主动性不够

超大特大城市因其独特的城市规模和人口结构，使得社区居民的参与在提升基层治理效能方面显得尤为关键。

首先，社区居民的参与能够增强基层治理的民主性和公正性。作为基层治理的直接受益者和受影响者，社区居民的参与可以确保治理决策更加贴近民意，反映居民的真实需求。通过参与社区会议、选举社区代表、提出政策建议等方式，居民能够直接参与到基层治理的决策过程中，从而确保决策的公正性和合法性。这种民主参与的过程有助于提升居民对基层治理的信任和满意度，增强社区凝聚力和稳定性。

其次，社区居民的参与能够提升基层治理的针对性和实效性。居民对社区的问题和需求有着深刻的理解和感受，他们的参与可以为基层治理提供宝贵的意见和建议。通过居民的参与，基层治理可以更加精准地定位问题，制定更加符合实际情况的政策和措施。同时，居民的参与还能够促进政策的顺利实施，提高政策的执行效率。这种针对性的治理方式有助于解决社区中的实际问题，提升基层治理的效能。

最后，社区居民的参与还能够促进社区资源的共享和优化配置。居民通过参与社区治理，可以了解社区资源的分布和使用情况，提出合理的资源利用建议。同时，居民的参与还可以促进社区内部的互助合作，实现资源的共享和互补。这种资源共享和优化配置的方式有助于提升社区的整体效益，增强社区的可持续发展能力。

近年来，我国超大特大城市的街镇、居委会等基层治理主体，按照党的二十大报告提出的"全过程人民民主"新理念，充分借助现代信息科技的便利化，建立健全旨在引导居民规范参与基层治理的基本制度、协商平台与有效载体，如：上海全市所有街镇推行实施听证会、协调会、评议会的"三会"制度（1.0版向2.0版、3.0版升级）、全市居村委全面推行社区云系统，社区居民上云率稳步提升（在杨浦区四平路街道公交新村居民区的互动指数达100、"上云率"达84.25%，均位列全市第一）；重庆市创新建立了街道联席会、社区

评议会、网格邻里会"三会"议事体系,着力解决"公事""共事""家事"。其他超大特大城市一些基层街镇社区也有各具特色的不同做法和经验,在此不再赘述。这种极具创造性的居民参与型基层治理实践,逐步培育了"有事好商量、众人的事情商量着办"的议事协商氛围,人民群众的获得感、安全感和满意度有了显著提升。

但笔者的调研也发现,按照打造"人人参与、人人尽责、人人共享"的基层社会治理共同体新要求,当前我国超大特大城市基层因高度发达的多样性和异质性,居民参与基层治理仍然面临不少挑战和困难,主要包括:

首先,居民参与基层治理的频次和深度有限。在超大特大城市中,许多居民由于工作繁忙、生活节奏快等,对基层治理的参与频次较低。他们可能只在一些特定时期或特定事件中才会参与,如社区选举、志愿者活动等,而很少主动参与日常的社区治理工作。即使参与,往往也只是停留在表面,比如参加一些社区组织的宣传活动,而很少深入决策、监督等核心环节,难以对基层治理产生实质性的影响。在有些居村委层面,前来参加的人员一般都是退休居民,并且基本是那几张"老面孔",在职居民,特别是年轻居民可谓凤毛麟角。

其次,基层民主协商机制不够完善和规范。在一些超大特大城市的社区中,基层民主协商机制尚未形成规范化、制度化的运作方式。例如,一些社区在召开居民大会或议事协商会议时,往往缺乏明确的议题确立程序和信息公开机制,这导致居民对会议内容和目的了解不足,难以充分表达自己的意见和建议。同时,由于缺乏有效的协商规则和程序,会议中可能出现场面失序、讨论偏离主题等现象,影响协商效果。

最后,居民参与基层治理的意识和能力有待提高。在一些超大特大城市中,部分居民对基层治理的重要性认识不足,缺乏参与基层治理的积极性和主动性,他们可能认为基层治理是政府和社区组织的事情,与自己无关,因此很少主动参与其中。尤其受基层工作者开展群众工作的方法与能力限制以及近年来基层治理制度越来越规范化的影响,基层街镇或居村委在推行诸如人居环境整治、美丽乡村建设等公益事业中,经常出现"政府干,群众看"的现象,甚至会碰到一些村居民的故意阻挠，造成国家为民的好事反倒不好办的尴尬局面。同时，一些居民虽然有意愿参与，但由于缺乏相关的知识和技能，难以有效地发挥作用。例如，在参与社区决策时，他们可能不知道如何表达自己的观点、如何权衡利弊、如何与其他居民协商等。

第五节 社工队伍激励与治理能力问题

毫无疑问，包括居民和社区工作者在内的"人"的因素，是决定基层治理效能的核心因素，其中基层社工队伍的建设现状对基层治理效能具有重要影响，基层社工队伍是基层治理效能提升的关键力量。新冠疫情期间，全国400万名社区工作者奋战在全国65万个城乡社区中，为有效应对重大公共卫生事件作出了巨大贡献。近年来，上海、北京、成都、广州、南京、福州等地都把建设一支专业化职业化的社区工作者队伍作为完善社区治理体系的重要抓手，将其视为提升基层治理效能的关键。各地依据国家《关于加强社会工作专业人才队伍建设的意见》(2011)、《社会工作专业人才队伍建设中长期规划(2011—2020)》(2021)、《"十四五"城乡社区服务体系建设规划》(2022)，制定专门的相关政策，明确社工队伍的定位和职责、加大资金投入、加强社工人员专业培训、建立健全激励机制，为社工队伍注入新的活力和动力，社区工作者队伍的整体素质有了显著提升，满足了居民多样化的需求，提升了社区服务的水平和质量。特别是一些超大特大城市对加强社工队伍建设作出了不懈努力，提升了社工职业的含金量和显示度，重塑了社工队伍职业化、年轻化的新面貌，为提升基层治理效能打下了坚实的人力资源基础，如：截至2022年底，上海全市共有社区工作者5.7万人，平均年龄40周岁，大专及以上学历占比92.3%；[1]截至2022年6月，北京全市3 422个社区现有社区工作者44 140人，平均每个社区12.9人服务约2 000—3 000户居民，取得社会工作师、助理

---

[1] 胡祎玮：《上海现有社区工作者5.7万人 超九成为大专及以上学历》，载中央广播电视总台上海总站，https://sh.cctv.cn/2023/04/14/ARTIk6DEwCrCkEQQ2CVUxkZP230414.shtml，2023年4月14日。

社会工作师证书的人数达1.6万余人,持证比例近40%,整体业务素质较好,专业化、职业化水平逐年提高;[1]截至2022年底,广州全市通过全国社会工作者职业水平考试的持证社会工作者已超3万人。[2] 同时,根据调研发现,各大城市的基层社工人才队伍建设的力度仍存在较大差别,社工人才在实际工作和职业发展中依然面临诸多天花板问题,社工们的焦虑仍然是普遍的,[3]社工队伍的流失率也较高,组织群众的能力欠佳等,在一定程度上影响了基层治理的效能。重点体现在职业发展瓶颈和组织动员群众能力不足两个方面:

一、社工职业发展通道和激励机制不够健全有效

针对基层社工的职业发展和有效激励,近年来我国超大特大城市进行了卓有成效的改革创新,如上海通过出台一系列政策文件,构建包括选任招聘、岗位设置、薪酬待遇、培训考核、职业发展等要素在内,统一规范的社区工作者职业化体系,设立负责人、主管、工作人员三类岗位,其薪酬水平按照工作年限、受教育程度、相关专业水平设置为18级,薪酬等级随其工作年限的增加和岗位提升而提高;成都市制定《关于加强社会工作者职业体系建设的实施意见》,从职业培养、职业评价、职业服务、职业发展、职业道德、职业激励6个方面,全面构建新时代成都市社会工作者职业体系,参照上年当地社会职工的平均工资水平,确定非事业编制社会工作专业岗位人员薪酬待遇和递增机制;深圳市在2020年制定《深圳市关于提升社会工作服务水平的若干措施》《深圳市社会工作类专业技术人员薪酬指导价位表》,明确了社会工作的职业任务,建立完善与社会工作服务专业水平相对应的职级薪酬体系,完善社会工作专业人才激励机制,鼓励政治素质好、业务水平高的社会工作专业人才依法参政

---

[1] 《新京报》:《他山之石|192万志愿者、76万在职党员、1.6万持证社工,北京基层治理有秘密!》,载微信公众号"河北社工",https://mp.weixin.qq.com/s/mGE1hqAFqjOCnot2EMt4hg,2022年6月30日。
[2] 麦婉诗、李国全:《广州社工年度成绩单出炉,持证社工数量突破3万人》,《新快报》2023年1月11日。
[3] 王德福:《社区治理中社区工作者的组织功能》,《广西师范大学学报(哲学社会科学版)》2024年第6期。

议政,适当提高在党代表、人大代表、政协委员中社会工作专业人才代表的名额比例;等等。这些改革举措有力提升了基层社工的职业化、专业化、标准化发展水平,社工职业成为社会青年向往的职业之一,有力增强了社工的职业认同度和荣誉感,为提高基层社会治理效能注入了活力。但调研也表明,在实践工作中,因社工职业的角色定位不够清晰(社工到底应该承担什么样的角色,是相关政策的执行者,还是群众生活的组织者?存在一定的角色冲突),导致社工的专业优势并没有得到真正的发挥。更为重要的是,在职业发展和激励机制方面,由于体制内社工队伍薪资待遇较低,培训机会又非均等化,以及目前暂无对社区工作者的定向、优先招录政策,使得社工职业发展通道受限,从而导致一些优秀青年人才留不住,即便有些应届大学生招录成功后,年轻社工在进入居民区工作后心理、能力上的不适应,或是另谋高就后离开社工队伍,致使现实中几乎所有社区都面临社工流失严重、人手不足、任务繁重的治理困境。对此,网络上一名社工发出的"工资待遇向临时工看齐,工作制度向公务员看齐"的感慨。虽然言辞夸张,却也道出了社工职业身份的现实尴尬。

二、年轻社工组织动员群众工作能力明显不足

基层社工队伍及其能力与基层治理效能的提升是相辅相成的。

首先,社工队伍应具备相应的专业知识、实践经验及沟通协调能力,使其能够深入了解社区情况,发现并及时解决基层治理中的各种问题,从而提升基层治理的整体效能。

其次,基层社工队伍的能力水平直接影响基层治理的成效。社工队伍的能力包括专业素养、问题解决能力、组织协调能力、创新能力等,这些能力的高低直接关系到他们能否有效应对基层治理中的各种挑战和问题。如果社工队伍的能力不足,那么基层治理的效能就难以得到保障和提升。反之,基层治理效能的提升也能够进一步促进基层社工队伍的发展。

一个高效能的基层治理体系,能够为社工队伍提供更好的工作环境和条件,激发他们的工作热情和创造力,使其能够更好地发挥专业优势,为社区的发展作出更大的贡献。其中,需重点指出的是,在基层居委会工作者的能力体

系当中,将自己确立为群众生活组织者的角色定位,担负起群众教育的责任,掌握有效的传统群众工作方法,切实提高群众的组织动员能力,在帮助居民解决好"小事和身边事"的同时,让更多的人民群众通过自治的方式解决各种社区疑难问题,才是真正提高基层社会治理效能的关键所在。

尽管近年来我国各超大特大城市持续推动了治理重心下沉的改革,基层获得的治理资源远高于传统时期,比如:深圳市自2015年来启动"民生微实事"项目,每个社区每年有200万元用于为辖区居民办事的自主支配经费;成都市创立"社区公共服务资金"(2018年后改为"社区发展治理专项保障资金"),每个社区每年都有数十万元资金开展为民服务;武汉市则有为民服务资金和党建活动经费,加起来每个社区也有30万元以上。同时,各地都在推动"吹哨报到""民呼我应""综合执法进小区"等改革,加强社区调动治理资源的权限。尽管社区工作者普遍实现高学历化和年轻化,但是社区工作者的群众动员组织能力并没有随着资源增加而实现同步的提高,与资源增加幅度相比还不完全相称,甚至新生代社工群众工作意识和能力有所下降。最近10年,随着居住小区房屋及公用设施等日渐老化,各地城市先后进入物业纠纷高发期,出现业主与物业矛盾、业主与业主矛盾等问题,沿着城市商品房开发进程向不同城市梯次蔓延,这对社工组织动员能力提出了更高要求,社工组织动员能力同社会要求相比还有一定距离。[①] 与此同时,面对各种新矛盾、"老大难"问题,有的社工能力还不过硬;在加强基层创新治理上,新思路、新方式还不够开放多样,尤其是年轻社工,专业化水平和能力需要不断加强。

第六节 多系统并行的科技赋能问题

基层治理效能是衡量基层社会治理效果的重要指标,它反映了基层社会治理目标的正确性及其实现程度。科技赋能通过改变治理方式和提高治理效

---

① 王德福:《社区治理中社区工作者的组织功能》,《广西师范大学学报(哲学社会科学版)》2024年第6期。

上海城市治理报告（2024—2025）：提升超大城市基层社会治理效能

率，能够使得基层社会治理更加精准、高效，从而提高基层社会治理的整体效能。这不仅有助于解决基层社会中的各种问题，而且能够提升基层社会的稳定性和发展水平。党的十八大以来，我国积极实施网络强国战略、大数据战略，成就显著。近年来，在数字社会快速发展转型、数字经济对社会发展产生极大促进作用的背景下，充分借助和利用大数据、人工智能等数字技术优势，为基层治理赋能增效，运用数字化手段实现精细管理，成为包括超大特大城市在内的全国各地的普遍做法，如我国超大特大城市基层治理中形成的"社区云""一网通办、一网统管""社区大脑""数字孪生""新基建"等，无疑为提升基层治理效能提供了有力的技术支撑。但同时也表明，基层在使用数字技术进行服务和治理过程中，部分街镇或居委会在实现治理精细化的同时，依然存在政务服务移动App或小程序等各类应用平台跨部门、跨领域协同应用水平不高，跨部门、跨领域的数据融合难度大，以及政务数据应用场景开发不够等难点痛点，[①]甚至一些数字化技术反倒给基层治理带来了一定的负担，对提升治理效能尚未发挥应有的数字支撑作用。

一、应用平台不够集中，多个信息系统造成基层负担

政府工作的数字化转型是当今各级城市治理创新的重要趋势，开发各自的信息管理系统，成为不同部门提高工作效能的主要抓手和工作载体，并且这些部门化的信息系统都落地在基层治理层面上，基本上都要基层向多头开发的信息系统中提交或填报相关基础信息。这一做法，对上级职能部门和基层街镇、村居委会而言，表面上看似实现了工作的无纸化、数字化，但各政府部门间信息不互通、基础数据库难以共享等，导致数据碎片化、标准不一致。很多程序、应用无法通过统一的信息平台对基层治理进行支撑，有时反而会因为程序、应用、平台过多，信息"不互通"、数据"不反哺"而加重基层负担。根据笔者调研表明，一些街镇、居村委需要维护10多个信息系统，耗费了基层大量的

---

① 查志远：《调研发现数字治理存在三大短板：协同难、场景不足、机制不顺》，《新京报》2023年6月20日。

人力精力。仅就民政工作而言,基层需要管理维护的平台就很多,有退役军人综合管理平台、退役军人服务保障系统、优抚系统、常态化联系、志愿者平台、社区云平台等,各平台部分工作内容交叠,但无法兼容,数据也无法导出共享,一定程度上增加了基层人员的工作负担。对此,上海市在全国范围内率先创建实施了居委会统一的信息系统——社区云系统,旨在整合多条线部门的信息系统、打通数据割据,为居委会治理提供最有力的数据反哺和支持。可见,构建镇街或居村委的综合数据平台,成为基层真正依托数字技术来提升治理效能的改革方向和路径。

二、基层数字化治理存在过度留痕形式主义、悬浮化并存情况

数字化治理本身是一件旨在全面提高治理精细化、精准度,从而提高治理效能的重要工具和手段,但在所有政府部门都在追求数字化治理的背景下,当基层政府或居委会面对过多的数字化任务时,无力应付就会演变成要么形式主义、要么无法落地而悬空无实效的局面,无法为提升基层治理效能提供真正动能。

一是部分要求过度留痕,导致工作泛化,降低居村工作积极性。有些条线的数字化治理平台,要求居委每月至少开展16项活动并上传活动记录,既要录入信息、拍照上传、公开发布,还要群众点单,打印出来的照片要上墙,对照片尺寸、照片中出现什么人及下面的文字表述都有要求,居委无奈表示"一个月就30天,难道每隔1天就要开展1次活动?没办法只能造假";还有些平台重复收集农民宅基地信息情况,而且要求一月一报。实际上,村干部反映宅基地信息一般不会发生变化,完全可以通过系统数据的共享解决,没必要要求反复报送。在基层治理中,还存在大量的"指尖上的形式主义"现象。

二是有些系统由于功能设计缺陷导致"不好用",基层干部"不爱用",存在一定的悬浮化倾向。有些平台系统因开发设计公司在开发时缺乏用户导向、业务需求分析不够、功能设计不全等,上线的系统和平台并不好用。此时,如果用户有其他选择,可以不使用这些系统和平台解决问题、达成目标,从而使得这些系统和平台没有用户,最终沦为"摆设"。例如,一些地方建设的政

务热线系统并不能有效回应公众的诉求,公众就不会使用这些政务热线系统,而是会选择更高层级政府搭建的网络问政系统或互联网企业开发的社交媒体平台来表达诉求;①而当基层面临有些系统不得不用、应付数字化考核、必须完成任务时,若仅靠居民自发参与协商和提供意见,一些通知的阅读量、点赞量及提问数量很难达到上级部门规定的指标,居委会就会花大量的时间去动员群众注册、点赞等,容易陷入"表面数字化"陷阱,实则背离了数字化治理的初衷、降低了基层治理的实效。

三、公众数字技术素养较低,基层数字治理面临隐私保护、数字鸿沟等新风险挑战

鉴于超大特大城市基层社会特有的多元化和复杂性,数字化治理乃是一项系统工程,在追求数字化治理的过程中,既要考虑工具技术理性,更要考量必要的价值理性,其与国家数字治理一样,须作出应有的顶层设计和政策安排,尤其是需重视基层治理制度的改革重塑,为数字化高效赋能扫清体制机制的障碍。但如今在一哄而上或过度的数字化治理中,基层民众缺乏应有的数字素养、基层数字人才缺乏、海量数据管理难度加大等,容易造成数据安全、隐私侵犯、隐私泄露、数字鸿沟等新问题、新挑战,给数字化高效治理造成一定的阻碍。

一是面临以老年人为主的数字鸿沟问题。在我国超大特大城市中,老龄化是大多数基层社区的治理难题。当老龄化社会遇上数字化转型,不少老年人因不会使用智能手机成了"数字贫困"的主要群体,因数字化而造成的信息隔阂与数字鸿沟也成为社区数字治理亟须补上的一大重点突破领域。

二是面临居民隐私泄露的风险及居民的抵制。例如,在有些数字平台的使用中,居民不愿意注册使用的原因之一是要求实名制,不仅需要刷脸,而且需要完整地输入自己的身份证号码、居住地址等重要信息,这让居民觉得不安全,同时在其中发布自己的信息也让他们觉得个人隐私难以得到保障,造成基

---

① 张会平:《基层数字形式主义的治理策略》,《人民论坛》2023年第14期。

层有关人脸识别等数字化硬件系统落地很难。①

三是数字化治理的公平性引发诸多争议。如有些基层社区将业委会改选、公共事务协商决策等涉及诸多居民直接利益的事务,放到线上平台进行投票表决,其选举或决策统计结果的公平性、真实性引发了基层民众的质疑和争议,甚至引发社区不同群体之间的更大矛盾与冲突,致使一些本应该做的事情陷入难产的境地,数字化治理难以从根本上让基层协商民主落地落实和高效能治理。

---

① 吕娜、陈典:《社区数字治理①│上海社区调研:数字治理带来减负还是加码?》,载澎湃新闻,https://baijiahao.baidu.com/s?id=1767015682012380696&wfr=spider&for=pc,2023年5月27日。

第五章
基层社区高效能应急治理的国际城市经验

基层社会高效能治理是一个全球性议题,也是世界顶级城市治理创新的重要内容和重点场域。进入21世纪以来,在纽约、伦敦、巴黎、东京,以及我国上海、郑州、武汉、天津等超大城市,发生过极端天气灾害、重大流行病等一系列"黑天鹅"事件,这些事件会严重影响社区居民的正常生活,直接或间接造成多人伤亡和巨大的经济损失。如何有效防范重大风险或灾难,强化韧性城市建设,成为全球大城市的共同战略选择。社区作为最基础的城市治理单元,位于家庭和国家各级社会组织的交汇处,对于解决破坏人类安全的经济、社会或环境干扰至关重要,在特大城市应急管理和韧性城市建设框架中更具有重要的支撑功能和根基作用。面对各种公开或隐蔽风险的挑战,建立健全城市社区应急治理体系,提高社区应对突发危机的治理效能,成为全球超大城市基层治理改革的重要方向,也积累了一定的经验和做法。本章以应急治理为视角,对纽约、伦敦、巴黎、东京等全球超大城市的社区应急治理进行研究,观察其提升基层治理效能的策略和路径,以便对我国超大城市提高基层应急治理效能提供借鉴和启示。总体而言,上述全球超大城市提升社区应急治理效能的主要经验,可归纳为以下七个方面。

第一节 注重社区化、在地化的城市韧性理念

理念是行动的先导。社区应急治理作为一种城市非常态治理的基层行

动,其成功运转与整个城市政府及治理行动者对灾害风险防范的意识、思想和理念,具有直接关系。不管是联邦制还是单一制国家结构,任何一座城市,作为国家的基础组成单元,其应急管理能力的建设始终受到国家应急规划部署、城市应急体系的影响,但在不同政党、不同体制、不同发展时期、不同财力背景下,不同级别的政府对城市或基层应急管理的履职态度、职责分工可能不尽一致;相应地,不同城市政府对社区应急管理工作的态度及工作策略,也会发生相应的变化。然而,面对风险危机挑战,更加强调社区属性和韧性理念,已成为当今全球超大城市提高基层应急治理效能的共同的崭新理念。

一、强调树立更加社区化、在地化的危机应对理念

欧美国家和城市应急管理体系的建设趋向表明,尽管中央或城市政府在灾难防范中有不可推卸的责任,但政府不可能对所有个体都能提供及时而良好的服务和管理,更多时候尤其是当面临紧急灾难发生时,必须依靠当地民众为主的社区力量。例如,美国2001年9·11恐怖袭击和后来的飓风,让美国各界都意识到志愿者和社区建设的重要性,提出了"全社区"的应急管理新理念,即以基层社区为先导,充分发挥营利性和非营利性部门(如企业、宗教组织、残疾人组织等)的关键能力,促进彼此之间的参与与合作,[①]建立社区志愿服务系统,推动完善社区应急协作体系。1995年日本阪神大地震后,人们越来越意识到社会群体,特别是社区响应能力对于救灾的重要性。阪神大地震的抗震救灾实践表明,政府单打独斗已不足以应对严峻的灾害风险形势,不能满足社区和公民救灾的需求,社区公众已成为政府抗震救灾的主要力量。严峻的灾害风险形势与政府防灾减灾能力、资源的局限性,客观上要求实现灾害风险管理模式的转型。20世纪90年代末以来,基于社区的灾害风险管理模式已经取代了自上而下的基于政府的灾害风险管理模式,成为一种普遍推行的灾害风险管理模式。例如东京,除了注重宏观和微观应急体系的建设,在中观尺度上注重社区化防范的独特价值,强调社区生活圈作为防灾前沿阵地的

---

① 周小寒、王兴、刘润增:《美国社区应急管理经验对我国的启示》,《安全》2022年第6期。

作用,把防灾体系建设常态化,包括:构建良好的防灾基底,开展合理的社区空间规划与防灾设施配置,各社区均须设置防灾救灾难通道及避难场所、防灾公园、医疗救助、应急指挥等设施,并明确其建设引导;推动社区防灾自治,结合町内会设立社区防灾会,进行防灾管理协调工作,调动社区多方力量,实现灾害风险管理的重心下沉、关口前移和社会广泛参与。[①]

二、强调树立更加注重适应性、可持续的社区韧性理念

综观全球超大城市的社区应急治理学术趋向和政策实践表明,治理行动者从全球和城市风险的变化特点出发,努力提高风险认知能力和水平,不断更新传统狭隘的应急治理观念,除了较多关注环境脆弱性、恢复、适应和紧急应对机制之间的紧密联系,更多开始注重地方适应、社区韧性等新理念,尤其是韧性理念已经成为全球城市社区风险治理、危机管理、应急治理的普遍思想,它将应急治理的特定时间状态向"灾前准备"和"灾后恢复"两端延伸,要求社区除提高对突发事件应急处置的能力外,更要提高社区抵御各种灾害风险或重大突发事件的抵御力、适应力、恢复力,旨在让社区在风险灾难中能够维持正常功能,并在风险灾害应对中不断完善治理体系,从而不断增强社区对灾害或危机风险的适应力。例如,2012年超级风暴桑迪导致纽约市43人丧生,造成190亿美元的损失,随着政府机构争先恐后地作出反应,正式和非正式的社区组织迅速动员起来,为有需要的人提供关键服务。在超级风暴桑迪10周年之际,纽约市审计长办公室和城市海洋实验室合作,对风暴过后制定的"以社区为基础的气候韧性"举措进行评估,结果表明,在历经桑迪灾难过程中,纽约市的社区组织领导人及其他社区从业者,普遍发生了从应对和恢复到注重社区韧性建设的工作理念转变,重点关注气候变化、COVID-19 大流行等方面的韧性问题,但同时社区领导人对社区韧性的障碍有了更加清晰的认识。具体来说,他们确定了社区韧性与系统性不平等之间的关系,并指出气候变化

---

① 上海规划资源:《疫情视角下的东京综合防灾经验借鉴》,载上观新闻,https://sghexport.shobserver.com/html/baijiahao/2022/09/05/845613.html,2022年9月5日。

正在加剧,因投资减少和歧视性政策而导致的住房、粮食和金融不安全等长期存在的问题。随着应急响应需求的减弱,受桑迪影响地区的社区组织将重点转向了韧性治理:扩大了组织能力和服务;组建联盟来协调应急准备工作;提供新的教育和培训计划,以提高认识并加强气候准备;将他们的工作范围扩大到社区拥有的弹性基础设施等新领域;促进社区主导的规划工作并倡导实施;努力提高社区内的社会凝聚力,以及与市、州和联邦政府的接触;等等。[1] 可见,一些重大灾难的发生及其应对,不仅让全球超大城市发现了社区应急存在的重大困境与问题,而且在基层应急治理理念上发生了重大而实质性的韧性转向,为提高基层应急治理效能提供了新方向、新路径。

第二节 制订前瞻性的社区应急规划或计划

面对各种不确定性风险挑战,提前制订完备的韧性规划、应急体系和应急预案,以规划为引领,最大限度地做好灾害来临之前的充分准备,是全球超大城市社区应急治理的重要经验之一。

一、纽约的社区应急规划策略

纽约历来比较重视社区规划在城市建设、管理中的功能和作用。近年来随着各类不确定性风险的日益增多,尤其是 2012 年遭受桑迪飓风的重创后,编制重在应对风险挑战、提高社区韧性的社区应急规划或社区韧性规划,成为政府完善社区应急管理体系建设中的一项重要工作。从现有的规划政策体系来看,纽约的社区应急或韧性规划策略,主要通过两种方式来呈现:一种是社区规划内容包含在全市城市总体规划中,如 2013 年 6 月 11 日,纽约市市长彭博发布了《一个更强大、更具韧性的纽约》报告,其分为 5 个部分,其中专门一部分就是"社区重建和韧性规划",针对全市五大行政

---

[1] *Social Cohesion as a Climate Strategy*, https://comptroller.nyc.gov/reports/social-cohesion-as-a-climate-strategy/,2022 年 10 月。

区的社区风险类型,制订了有针对性的社区韧性规划方案;2019年4月出台的《只有一个纽约 纽约2050总规:建立强大而公正的纽约》,从活力社区的视角提出了社区韧性的破解之道。另一种是单独编制专门的《社区应急规划》(Community Emergency Planning,2017),该规划基于既有的社区规划制度和程序,由纽约市应急管理局(NYC Emergency Management)和市长办公室社区伙伴中心牵头,通过自上而下和自下而上相结合的整体性举措,组织动员政府机构、民选官员、社区组织和各类纽约居民等多方力量联动参与,强调通过社区资源评估、社区网络建设、社会资本累积等方式,建立社区应急管理网络,增强社区在风险准备、风险反应、风险恢复和风险缓解等过程中的韧性。在实践中,编制这一规划的主体是一支社区应急响应团队,包括社区委员会、地区议员、社区社会组织、专业的非营利组织(涉及住房权利、气候变化、残疾人权益、枪支暴力等)等[1]。自超级风暴桑迪以来,纽约的许多社区组织制订了自己的气候韧性和行动计划,以满足其社区的具体需求和优先事项,并帮助指导宣传工作和规划。虽然其中一些规划工作是作为城市主导流程的一部分进行的,但更多社区社会组织主导的计划行动则是在城市主导流程之外进行的,其中许多独立主导的工作是为了应对城市主导流程和计划中的不平等而发起的。通常,私人或慈善基金支持这些社区独立计划的制订及执行。同时,为了帮助基层社区编制有针对性的应急规划,纽约市政府面向租户或公民协会、信仰团体、社区应急响应小组(Community Emergency Response Team,CERT)、社区组织(CBO)、社区委员会/联盟等基层治理主体,专门编制了一份名为《纽约市社区应急规划—社区领袖工具包》的方法指南,根据不同的风险灾害类型指明了编制规划的具体方法、内容和流程,旨在通过识别现有网络、建立新连接,以及提高组织内部和外部资源的能力,帮助社区变得更有韧性。

二、伦敦的社区应急准备计划

伦敦市制订全面的社区应急管理计划,以预防、缓解、准备、应对和从紧急

---

[1] 钟晓华:《纽约的韧性社区规划实践及若干讨论》,《国际城市规划》2021年第6期。

情况中恢复。为了促进社区韧性,伦敦市政府应急管理部门提议社区家庭和个人做好最充分的应急准备,具体要求包括:

一是建议家庭制订一个计划。紧急情况可能会在没有任何警告的情况下发生,居民在紧急情况下可能没有机会收集需要的资源;事件发生时,家庭成员可能在不同的地方,通信网络可能会崩溃,您家的电、水或煤气服务可能会中断,道路可能被封锁或关闭,可能无法获得常规的食物、水和汽油来源等挑战,告知居民当紧急情况发生时,您没有时间制订去哪里和做什么的计划,因此居民在应对紧急情况方面发挥着关键作用,尤其对儿童、老年人和残障人士或有特殊需要的人来说,在紧急情况下的压力特别大,需要提前制订相应的家庭应急计划,以便能够在72小时内照顾好自己和家人,提前做好准备将帮助您和您的家人更有效地应对紧急情况,并使您能够更快地康复;如果您的家庭中有需要额外帮助或有特殊需要的人,请务必在您的计划中为他们提供准备。

二是准备一个应急工具包。在紧急情况发生前做好准备,以便自给自足长达72小时。这使紧急救援人员能够专注于需要紧急援助的人。组装一个应急包,其中包含可帮助您在最初72小时内应对紧急情况的物品。将物品存放在背包、行李袋或行李箱中,以便在需要撤离时立即随身携带。把它放在家里阴凉干燥的地方。确保每个家庭成员都知道应急包的位置。并列举了一个包括72小时基本应急包、车辆应急包(如果需要)、宠物应急包(如果需要)等在内的详细应急准备清单。建议家庭至少具备一个基本应急包,每年至少检查一次您的工具包,检查所有物品是否正常工作,并使用您的清单确保您的套件仍然完整,及时更换套件中的食物、水和电池等。

三是让社区居民在伦敦警局进行注册登记,让居民提供姓名、地址、电话号码和首选联系方式(短信或电子邮件),如果发生紧急情况,伦敦警报通知系统将提供重要的公共安全信息,该系统旨在通过您首选的联系点与居民联系。[1]

---

[1] 参见 https://london.ca/living-london/community-services/fire-emergency-services/emergency-management/be-prepared。

第三节 建立健全应对危机的社区组织体系

建立健全必要的社区组织体系,是基层有效应对各种危机风险的必要条件,也是提升超大城市基层应急治理效能的重要保障。综观纽约、伦敦、东京等超大城市的基层治理实践发现,按照在地化、社区主导的思路建立健全完备有效的组织体系,是其切实提升基层应急效能的重要经验之一。

一、国家层面建构面向社区的应急组织或机构

日本的危机管理体系比较完备,中央、都道府县和市町村三级均有危机管理的常设机构和临时机构。常设机构有内阁的危机管理专门机构、各级防灾会议,其中内阁官房设立的"内阁危机管理总监"专门负责处理对国民生命、身体或财产造成重大危害或可能产生危害的紧急事态及预防相关事宜。各自治体设置的危机管理课、协作推进课、市民协作部(危机管理室)等虽然名称不同,但均承担着社区危机管理的总协调以及日常的培训、演练等任务。临时机构主要是在发生重大突发事件时启动应对机制,根据危机性质和内容成立专门的对策本部,如"危机对策本部""国民保护对策本部""紧急事态对策本部""灾害对策本部"等,负责承担应急决策指挥职能,对各种风险诱因实施动态监测并对其变化趋向及时作出评估判断。[①] 同时,日本各级政府都建立了跨部门、跨地区、跨领域的综合防灾减灾中心,协调政府各部门和动员社会力量,为开展科学减灾和加强重大灾害紧急救助能力提供组织保证。

英国除了中央政策层面设立有专门负责全国社区事务的"地方政府与社区部",还在其内阁办公室内设有"社区防灾论坛"和"社区应急方案模板",为基层社区有效开展应急治理提供全方位的指导和帮助。

澳大利亚应急管理中心免费为社区居民提供防灾减灾教育材料,包括社区准备和应对暴风、洪水、森林火灾、飓风、地震、热浪等各种自然灾害的基本

---

① 胡澎:《日本"官民协作"的危机治理模式及其启示》,《日本学刊》2020年第2期。

信息和建议。通过加强宣传教育,极大地提高了社区居民的安全意识。[①]

二、城市层面建立社区应急管理与服务机构

在城市层面,伦敦全市各个社区建有综合服务功能的社区服务中心,为当地居民提供社会福利、老年保健、儿童看护、娱乐休闲、职业培训等服务。社区服务中心充当伦敦消防、应急管理、警察等部门的应急合作伙伴,充分发挥纽带、平台作用,整合社区内外资源,为当地社区居民提供消防和应急方面的风险登记、学习培训等服务,是其一项重要的核心功能,也是应对紧急情况的重要阵地。当紧急情况发生,社区服务中心与红十字会、圣约翰救护车队及业余无线电爱好者急救队等社会组织合作,发挥各自所长,全面快速地调查社区居民尤其是老年人等弱势群体的类型和数量,形成紧急时刻的数据库,全力维护以使紧急时刻的网络通信保持畅通等,协同应对紧急灾难。[②]

东京在基层社区町内会、自治会中,设有灾害对策委员会和社区防灾会议。其中,灾害对策委员会负责调查本社区内可能存在灾害风险的地点,以及告知居民有关避难的方法。一旦社区发生灾害,灾害对策委员会负责向居民发出避难通告、调查社区受灾情况、分发救援物资及管理和运营避难场所等工作;社区防灾会议负责组织防灾减灾工作,协调社会团体、企业与居民等主体。为便于工作开展,町内会将10—20户居民分为一组,由居民轮流担任组长,负责防灾信息的传达与意见的收集。[③]

纽约市的社区应急反应队(NYC CERT)在紧急事件发生前、发生时和发生后都给予纽约市社区强有力的支持。NYC CERT 的成员都是热心的志愿者,他们接受一系列的培训,掌握基本的应对技能,包括消防安全、轻量级搜救、社区灾难支援、灾难医疗操作和交通管制等。NYC CERT 的基础培训对所有纽约市居民及在纽约市工作的人士开放。要成为 NYC CERT 成员,申请者须年满 18 岁,

---

① 张素娟:《国外减灾型社区建设模式概述》,《中国减灾》2014 年第 1 期。
② 宋雄伟:《英国应急管理体系中的社区建设》,《学习时报》2012 年 9 月 24 日。
③ 《疫情视角下的东京综合防灾经验借鉴》,载上观新闻,http://www.jfdaily.com.cn/sgh/detail?id=845613,2022 年 9 月 5 日。

居住在纽约市或在该市工作,并通过纽约市应急管理部门的背景审查。这些志愿者在紧急情况下是宝贵的人力资源,能够迅速响应并提供初级的灾害救助,同时也能够在灾难后协助恢复社区的正常秩序。他们通过日常训练和模拟演练,不断提高自己的应急反应能力,确保在真正需要时能够迅速有效地采取行动。此外,NYC CERT 成员还通过向社区居民传播应急知识和技巧,提高整个社区的应急准备水平。NYC CERT 项目的成功实施,不仅增强了纽约市社区的应急能力,而且体现了纽约市在应对突发事件时的全面性和协作性。通过这一项目,纽约市得以构建一个更加安全、更有韧性的社区环境,为居民提供更加坚实的保障。

三、培育形成独立成熟的社区社会组织

拥有强大而成熟的社会组织,是社区危机的高效能治理中一支不可或缺的重要力量。全球超大城市的基层应急治理实践充分表明,加大培育各种类型的社区社会组织作为政府应急工作体系的重要组成部分,除了在平时发挥普及应急救援知识、连接社区民众等作用,在灾难发生的第一时间先期投入社区的居民服务和救援中,是提升基层社区应急治理效能的关键所在。例如,美国的"积极参与救灾的志愿组织"(Voluntary Organizations Active in Disaster,VOAD)是一个会员制非营利组织,旨在增强全国社区的抗灾能力。它是各组织在整个灾难周期(准备、响应、恢复和缓解)中分享知识和资源的论坛,以帮助灾难幸存者及其社区;纽约市救灾志愿组织(NYCVOAD)是 VOAD 的当地分支机构,并在纽约市紧急行动中心设有代表处,当城市社区发生灾难时,直接进入社区提供组建应急网络、救援和恢复重建方面的帮助;纽约市东哈莱姆区应急准备协作组织(East Harlem Emergency Preparedness Cooperation,EHEPC)将社区成员和社区组织聚集在一起,经常讨论东哈莱姆区的应急准备工作,该论坛包括一系列有关应急准备和恢复工作的演讲、分组会议,以及哥伦比亚地区学习中心的演讲等。纽约市应对超级风暴桑迪时,在风暴过后的几天里,社区组织将当地和联邦政府的反应描述为不充分、缓慢、不协调和沟通不畅。因此,纽约市各地的社区动员起来,为有需要的人提供基本服务——对邻居进行健康检查、分发食物和水、共享信息和资源,并向需要庇护

所或地方的人开放物理空间。尤其是一些已成立的非营利组织主导了当地救援帮助，付出了大量努力，而新成立的志愿者互助组织也发挥了十分重要的作用，许多社区组织都感到"无论其使命或计划如何，都必须提供帮助"。例如，布鲁克林科尼岛凯里花园居民协会的成员，首先赶到现场检查邻居并向行动不便的老年人提供食物；在布鲁克林的红钩社区（Red Hook）的居民停电3周、供暖中断17天、自来水中断11天，其社区社会组织——红钩倡议（Red Hook Initiative，RHI）向1 200多名居民敞开大门，让他们吃上热饭、给手机充电、接受医疗护理或法律支持，以及获取物资。RHI与全市的许多社区团体一样，成为社区的重要枢纽，成为当地居民值得信赖的信息来源，也是代表社区向政府官员表达需求的值得信赖的声音。RHI还与桑迪事件后兴起的新互助组织合作。超级风暴桑迪之后，不同社区创建了全新的社会组织来协调社区恢复工作。例如，在布鲁克林卡（Brooklyn）、纳西（Canarsie）社区最初被排除在一些桑迪后恢复计划之外，社区志愿者成立了新鲜溪市民协会（Fresh Creek Civic Association），志愿者帮助社区争取到了更多资源，并在决策桌上获得了席位；在史坦顿岛（Staten Island），史坦顿岛长期恢复组织（Staten Island Long Term Recovery Organization，SILTRO）现在是一个非营利组织，由基于信仰的社区团体创立，旨在促进公平的长期恢复；史坦顿岛非营利协会（Staten Island Not For Profit Association，SINFPA）成立了新的史坦顿岛救灾社区组织联盟（COAD），配备专门的工作人员来协调整个行政区的应急准备工作。尽管史坦顿岛COAD的创建是为了应对自然灾害，但它建立了重要的社区复原能力，这在COVID-19大流行期间至关重要。[1]

第四节 依法保障社区应急治理的多主体职责权限

加强立法，强调依法治理，明确不同层次、不同属性的多元行动主体在紧

---

[1] *Social Cohesion as a Climate Strategy*，https://comptroller.nyc.gov/reports/social-cohesion-as-a-climate-strategy/，2022年10月。

急情况中的权责义务,确保各类主体有序高效地协同行动、共渡难关,是城市应对任何类型突发灾害事件的前提和基础。国际超大城市完备的应急法律法规,为社区应急治理提供了强有力的法治基础和保障。

一、伦敦的《民事紧急法案》

为了各政府机构、地方当局和公共事业单位、商业机构、服务运营商等公私机构在紧急情况下更好履行为当地社区居民提供必要保护的职责,伦敦市政府在2004年颁布《民事紧急法案》。这是一部旨在依法强制各地方当局和相关机构,在发生紧急事件时,必须承担保护平民健康、帮助民众度过危机的一项专门法律,为多个部门或机构在危机应对中依法做到尽职尽责、协同行动、保护民众健康,提供了强有力的法律约束力和强制力。

该法案主要包括两个实质性内容:第一部分侧重于为当地危机响应者指明各自的角色和责任、为社区居民提供保护作出了明确的法律规定。其将当地响应人员分为两类,对每一类施加不同的职责。第一类是应对大多数紧急情况的核心组织(紧急服务部门、地方当局、国民医疗服务体系机构)。此类响应人员须履行全套民事保护职责。他们将被要求:评估发生紧急情况的风险,并据此制订应急计划;制订业务连续性管理安排;制订向公众提供有关民事保护事项的信息安排,并维持在紧急情况下向公众发出警告、通知和建议的安排;与其他当地响应者共享信息并合作,以加强协调和提高效率;向企业和志愿组织提供有关业务连续性管理的建议和帮助(仅限地方当局)。第二类组织(健康与安全执行机构、运输和公用事业公司)是"合作机构"。它们不太可能参与核心的规划工作,但会大量参与影响其所在部门的事务。志愿部门可以提供广泛的技能和服务来应对紧急情况,其中包括:实际支持(例如急救、交通或为救援人员提供物资);心理社会支持(例如咨询和帮助热线);设备(无线电、医疗设备)和信息服务(例如公共培训和通信);等等。第二部分则专注于紧急权力的使用,当出现需要处理最严重紧急情况时,对如何启动实施特别立法权提供了一个明确的法律框架。当发生重特大危机或紧急情况时,社区中的多部门、多机构、多行动者依法担责、协同配合,积极主动地保护社区民众，最大限度地降低灾难对社区民众的损伤性。这是任何一个城市韧性的核心要义和直观体现，而这恰恰需要强有力的法律来作保障。英国《民事紧急法案》，为伦敦在社区应急治理中，有效组织动员多个危机响应者、利益行动者、高效协同应对危机、保护民众提供了坚实的法律依据和保障。

二、东京的多元社区应急法律保障

东京作为日本的首都和超大城市，拥有较为完善的法律体系以应对社区应急治理。针对社区应急治理方面的一些重要法律包括：《灾害对策基本法》，这是日本灾害管理的基本法律，为全国的灾害预防和应对提供了法律框架，其规定了各级政府、居民和社会组织在灾害应对中的职责和权利，也涉及社区层面的应急治理；《地方自治法》规定了地方政府（包括东京政府）的组织、权限和运作方式，在社区应急治理方面，地方政府需依据此法制定具体的政策措施，并协调和指导社区层面的应急工作；《消防法》，此法与社区应急治理密切相关，主要规定了消防组织、消防设备的配备、消防教育及应对火灾等紧急情况的措施；《紧急事态法》，在面临重大灾害或紧急情况时，政府可依据此法宣布进入紧急状态，并采取必要的应对措施，这也包括了社区层面的应急措施；《东京都防灾计划》，虽然这不是一部法律，但它是东京政府制定的防灾指导文件，详细规定了东京在灾害预防和应对方面的策略和措施，这个文件对社区应急治理具有重要的指导意义。此外，还有一些与社区应急治理相关的法规，如《东京都地震防灾对策条例》《东京都消防组织条例》等，这些法规进一步细化了社区应急治理的具体要求和措施。需注意的是，这些法律法规并非专门针对社区应急治理，而是涉及灾害预防和应对的多个方面。在社区应急治理方面，东京政府还会根据具体情况制定更为具体的政策和措施，并与社区组织、居民等合作，共同应对各种紧急情况。同时，这些法律法规也会随着时代的发展和灾害形势的变化而不断修订和完善。在此以《灾害对策基本法》为例来说明社区应急治理中各相关主体的权责义务关系。

2012年，日本政府修改了《灾害对策基本法》中的"基本政策"，补充强调社区公众参与、社区公众与地方政府之间沟通的重要性,对社区(市町村)领导和公民的地位、职责、途径等作了全面详细的规定。

一是都道府县的职责:都道府县有责任根据基本原则,为了保护都道府县地区及其居民的生命、身体和财产免受灾害的影响,制订有关该地区的灾害管理计划;各都道府县会同相关机关和其他地方政府配合,依据法律法规的规定实施该计划,同时协助实施直辖市和指定地方公共机构处理的有关灾害管理的事务或业务辖区内企业,并承担统筹协调实施工作;都道府县的机关在履行其管辖范围内的职责时,必须相互配合,履行前款规定的都道府县的职责。

二是市町村的职责:根据基本原则,为了保护本市辖区及其居民的生命、身体和财产免遭灾害,作为基层地方政府,本市有责任会同有关机关和其他地方政府制定本市范围内的灾害管理预案,并依据法律法规的规定组织实施;为了履行前款规定的职责,市町村长必须充分调动市町村的一切力量,保持消防机关、防洪单位等组织有效;加强本市范围内与灾害管理有关的组织、志愿灾害管理组织和其他公共团体,并在居民中促进志愿灾害管理活动;消防机关、防洪单位和本市其他机关在履行其管辖范围内的职能时,必须相互配合,以履行市政府的职责。

三是地方政府相互合作的职责:地方政府为履行第四条第一项及前款第1项规定的职责,必要时必须相互配合;鉴于灾害发生时志愿者防灾活动的重要性,国家和地方政府必须尊重志愿者的独立性,努力与志愿者合作。

四是指定公共团体及指定地方公共团体的责任:指定公共团体和指定地方公共团体有责任根据基本原则,制订与各自业务有关的灾害管理计划,并根据法律法规实施该计划,同时与都道府县、市政府合作,以便国家、有关都道府县、有关市政府能够根据本法顺利制定和实施其灾害管理计划;指定公共团体和指定地方公共团体必须基于公共利益,通过各自的活动为灾害管理作出贡献。

五是居民等的责任:基于基本原则,从事紧急防灾措施或灾后恢复工作所需的物资或服务供应业务的人员必须努力在灾害发生时继续这些业务活动,并尊重从事相关经营活动,必须配合国家或者地方政府实施的灾害管理措施;当地居民必须在基本原则的基础上,努力采取措施,储备食品、饮料等生活必需品,做好自我防灾准备,为防灾作出贡献自愿参加减灾演习和任何其他灾害管理活动,并传授从过去灾害和任何其他指导性活动中吸取的经验教训。① 自此,社区公众参与灾害风险应对的地位、职责、作用在国家法律中得到了进一步体现和肯定。

第五节 培育以志愿者为主的应急社会力量

当灾难发生以后,政府以强大的社会动员能力,快速组织社区民众,全面投身到紧急事件应对过程中,发挥主动性,实施自救互救,政府机构、非营利组织和社区组织紧密合作、共同参与,以整合社区的需求、能力和资源,最大限度地降低灾难带给民众的生命健康与财产损失,既是城市应急治理能力的巨大考验,也是超大城市治理的重要经验之一。就基层社区的应急治理效能而言,西方超大城市的社区志愿者建设,给我们提供了值得借鉴的有益经验。

一、纽约的社区应急志愿者

美国是一个志愿服务体系比较健全的国家,几乎每个美国人都做过志愿服务。针对流行病防范,美国卫生与公共服务部(Department of Health and Human Services,HHS)有一支基于社区的医疗后备队,总共有 17.5 万人,主要由具有医疗和公共卫生背景的专业人士组成,分布在全国 850 个社区单位之中,提供紧急医疗服务。同时,美国联邦应急管理局也有一支类似医疗后备队的社区应急响应小组,与各地政府、社区和组织合作,基于社区需求,在社区招募志愿者,在社区进行培训和联系,接受基本的灾难响应技能培训,例如消防安全、轻型搜救、团队组织和灾难医疗操作等。一旦发生紧急情况,就激活这

---

① 『災害対策基本法』(*Basic Act on Disaster Management*),https://www.japaneselawtranslation.go.jp/en/laws/view/4171,2021 年。

些志愿团队就近救灾。在整个COVID-19突发公共卫生事件中,志愿服务和捐赠款物一样,是美国城市社会新冠防控的主要且普遍的方式,在2020年4月底,纽约的医护志愿者报名人数达到8.2万人。[①] 还比如在纽约9·11事件中,当大楼倒塌后有大批志愿者赶到现场,在各个方面提供力所能及的协助,包括大学生为救援人员提供饮水等(后来,无关的志愿人员因应要求离开现场,有特殊技术的志愿者,如工程、拆除、医疗及心理治疗等行业的人士,继续参与后续救援工作,甚至有一支灾难救援专家队专程从法国赶来救援)。

总体而言,纽约在培育社区应急志愿者力量方面,主要有如下经验做法:

一是注重公共教育与宣传:纽约应急管理局推出的"Ready New York"计划就是一个很好的例子。该计划通过制作应急指南、主题视频等方式,向市民普及应急知识,提高市民的自救互救能力。同时,还针对孩子设计卡通形象,以寓教于乐的方式增强孩子们的应急意识。

二是强化实战演练与技能培训。纽约社区会定期组织志愿者参与实战演练,模拟各种突发事件场景,让志愿者在实践中掌握应急处理技能。此外,还会邀请专家进行授课,提升志愿者的专业素养。2003年,"纽约市社区应急小组"启动,共有106名志愿者,如今有24个经认证的志愿者部门覆盖了纽约所有59个社区委员会。纽约市CERT志愿者参加了一个11节课程的基础培训方案,他们在该方案中接受了纽约市消防局、纽约市电力局、纽约市警察局和纽约市应急管理局的专业成员的指导。

三是建立志愿者快速响应机制。纽约社区应急志愿者组织建立了快速响应机制,一旦发生突发事件,能够迅速调动志愿者参与救援工作;同时,还会与政府部门保持密切联系,确保信息的及时传递和资源的有效调配。

二、东京的社区应急自救互救

日本是一个多地震灾害的国家,自阪神大地震发生以后,日本社会提出了

[①] 《美国抗疫:幸好还有世界上最强大的志愿者系统》,载新浪网,https://news.sina.com.cn/w/2020-05-17/doc-iirczymk2024977.shtml,2020年5月17日。

"自助·共助·公助"的防灾及应急理念,在灾难发生时率先动员组织社区居民和社会组织,第一时间实施自助、互助,成为提高社区应急能力的创新性举措。自助是指灾民依靠自己和家人的力量在灾害中保全自己;共助是指借助邻居、民间组织、志愿者团体等的力量,互相帮助从事救助和救援活动;公助是指国家和地方行政等公共机关的援助、救援活动。当地居民与本地企业、志愿者、专家与行政部门之间也开展充分的相互合作。1995年,阪神大地震救援主体的调查结果显示,34.9%的人依靠自救获生、31.9%的人依靠家人获救、28.1%的人依靠朋友和邻居获救,依靠救援队获救的仅有1.7%。如1995年兵库县南部地震后,根据震后调查报告统计,97.5%的救援行动是由市民自救、社区邻组和路人互助完成的,专业救援队实施的救援行动占比不足2%。[1]《东京大都市应急指南》进一步指出,日本东部大地震灾区居民提供的自助和互助在灾难期间是一股伟大的善力量,附近的人互相帮助和最近的邻居互相帮助非常重要,并大力培育当地化的防灾民间组织和志愿者团体,对具有一定能力的社区防灾民间组织,政府积极给予合法性认可,并支持开展收集防灾信息、防灾巡逻和检查、举行灾难演习、掌握灾难应对措施(公关、消防、救援、疏散指导、食品和水分配)等、制订社区救灾计划等活动,努力提前做好准备并进行定期培训,使东京和地方政府的备灾相关部门、志愿消防公司、公民救灾团队(志愿备灾组织)和其他参与当地备灾的社会团体加强相互合作,在灾害期间开展消防、救援、救济和疏散活动。

三、伦敦的社区紧急情况伙伴关系

无论是像恐怖主义袭击这样短暂的激烈袭击,还是像大流行病这样更持久的危机,处理伦敦的紧急情况是一项艰巨的任务。这座城市的规模和复杂性,以及其慈善机构和社区团体的广泛性和多样性,都需要大量的资源、知识和信息共享,尤其是社区中具有重要当地知识的慈善机构和团体,

---

[1] 刘龙:《预案式·智慧化·谋转型·促共治——〈东京防灾规划2021〉解读》,《城市瞭望》2023年第50期。

在发生紧急袭击时可以运用相关知识和信息。如何在紧急情况下调动和协调志愿部门和社区部门,在信息共享、协同行动中开展社区的高效能危机应对,是伦敦面临的一个重大挑战。为此,伦敦在积极发展社区导向的各类应急领域志愿者队伍的基础上,在城市桥梁信托基金、大伦敦管理局和伦敦市政委员会支持下,重建了一个专门针对社区应急的合作网络平台——伦敦社区应急伙伴关系,这是一个将地方、区域和国家组织(志愿者、社区组织、社区部门;地方和国家政府的伙伴、信仰团体和资助者;圣约翰救护车和英国红十字会等,它们具有不同程度的应急和备灾经验)聚集在一起的网络,成为伦敦的动员机制。将志愿者和社区部门的组织聚集在一起,旨在满足紧急情况时各种社区团体、慈善组织和志愿者的信息和能力需求,使广大志愿者和社区部门共同应对紧急情况。稳定性、可靠性、灵活性和适应性是该组织工作的核心理念,努力实现两个相互关联的目标:第一个是,无论紧急情况的性质或威胁如何,它都需要提供一个可靠的网络和连接点,使伦敦志愿者和社区部门等一系列正式和非正式组织团体之间进行相互配合;第二个是,在紧急情况发生之前和发生时,伦敦的志愿者和社区部门必须有一个单一且可靠的入口,实现高效的协调和信息共享,能够帮助慈善机构和社区团体在提供紧急护理支持、提供志愿者、帮助向居民提供信息、或提供咨询、或提供食物等方面作出贡献,并在应对可能发生的紧急事件时发挥有效作用。[①] 实践表明,从备灾规划到协调应对,再到能力建设,该组织在社区重大紧急情况中发挥着至关重要的作用。

第六节　推动社区民众学习应急技能和演练

一座城市,为了成功应对紧急事件,培养广大能够掌握应急知识和急救技能的社会民众,是城市应急体系的重要组成部分,也是影响城市和社区韧性程

[①] *Introducing the London Communities Emergencies Partnership*, https://www.vcsep.org.uk/news-views/introducing-Icep,2022 年 12 月 16 日。

度的核心要素之一。对此,西方超大城市普遍重视对社区居民急救知识和应急技能的学习培训,让更多人拥有自救互救的意识和能力,进而形成一种特有的城市应急社会文化。这一点在西方各超大城市社区应急治理中都得到了体现,尤其是地震多发的日本东京表现得更加典型。

一、东京的多渠道技能培训活动

东京市政府主要采取如下措施:

一是组织开展"防灾民间组织领导人培训"和"东京灾害管理研讨会",为各类备灾民间组织的领导人举办培训讲习班,同时派遣防灾专家举办研讨会,以提高当地社区的灾害管理能力。获得东京市政府认可的团体与社区协会等进行合作,积极开展备灾培训演习并在高层公寓组织互助活动。

二是举办社区妇女备灾研讨会和防灾协调员培训。为了提高社区应急能力,东京市政府积极开展社区女性防灾人员的培训,并举办社区应急研讨会,旨在扩大灾害和紧急情况下女性人力资源基础,加大培养能够在预防社区和工作场所灾害发生时能够发挥积极作用的妇女群体。

三是自2012年以来,东京对所有高中学生进行为期两天的备灾培训;从2017年开始,所有学校为有特殊需求的学生(残障)举办为期两天的备灾培训计划,目的是教育和培养人们形成灾难中的自助和互助意识,在保护好自己的基础上,促使人们能够为社区的备灾活动作出贡献,提高当地社区的整体防灾备灾和恢复重建能力。

四是在每所学校,建立由学生组成的备灾组织,负责对学校的备灾举措进行规划和建议,参与了解灾难期间的响应和心态,学习的形式是与当地社区和消防部门、警察局、自来水管理局、日本红十字会/或国防部等机构进行合作,进行消防培训和急救培训等,以及在学校举行食品储备培训和过夜培训等,[①]全方位提高学生和社区民众的防灾救灾能力。

---

① *Tokyo Metropolitan Government Disaster Prevention Guide Book*,https://www.bousai.metro.tokyo.lg.jp/content/book/guidbook_pocketguide/2020guid_e.pdf,2020年。

二、伦敦的市民应急学院计划

伦敦为了让更多社区民众获得应急备灾的知识技能,伦敦市政府不定期推出市民学院计划(Citizen Academy Program)。这是一项公共教育的志愿者计划,为伦敦的成年居民提供一个直接了解伦敦应急管理问题和项目的机会,公民将参加由应急管理和安保部门工作人员主持的课堂课程,培训伦敦市民在紧急情况下应采取何种措施,以及如何为社区安全做好准备。这项计划更重要的任务在于培训社区居民充分掌握紧急情况时邻里之间如何相互照应、共渡难关。该计划于2019年第一次启动,2022年10月27日恢复,为伦敦市民提供机会,与会者将参观该市的应急行动中心,学习72小时应急工具包的内容,以及如何识别和应对潜在的危害。参与者参观这个项目后,可以与社区、家庭和朋友分享工具和信息。在互动学习过程中,伦敦市应急管理机构也能够从伦敦市民那里了解更多关于应急管理计划的第一手信息,这为优化社区应急管理工作流程、培育重塑社会应急文化、提高民众共同应急能力打下了坚实的基础。市民学院计划还制订应急管理方案来培训公民以提高社区应急备灾意识,该方案对提高社区韧性、保护环境和财产方面发挥着十分重要的作用和价值。

第七节　推动社区应急治理智能化建设

当今时代是一个以互联网、大数据、人工智能等为主的信息时代,如何充分发挥现代技术优势、利用数字化转型优势,为基层社区应急治理赋能增效,构筑更加智能化的社区防灾救灾体系,是西方超大城市社区应急治理改革创新的重要方向。例如日本东京,在结合智慧社区的建设中,采取多项措施提升社区灾害的智能化监测预警预控能力,为提高社区应急治理效能提供了有力的技术支撑。这些措施包括:构建防灾信息综合平台,居民通过互联网可随时了解区域潜在的灾害信息、快速找到避难空间和安全通道、掌握灾情发生时道路与桥梁损坏的情况;完善社区灾害监测与灾害预警系统,进行灾害风险评估排查,形成社区灾害风险地图;进行灾害情况监测,准确发布预警信息,受灾时迅速作出应急反应,指导受灾者疏散逃生。① 本节以东京为例加以说明。

一、搭建面向全社区全民的防灾信息综合平台

搭建信息化、网络化平台,将防灾减灾有关的全部应急信息告知全体社区居民,让全体社区居民知晓各类灾害发生、发展、应对、重建中的基本信息和相关技能,是应急治理智能化的首要表现,也是实现社区应急高效能治理的重要保障。对此,东京在全市范围内,面向全市所有社区和市民群体搭建了一个名为"东京都防灾"的综合性灾害信息网站,网站内容设计突出居民导向,以"避难信息""了解、学习防灾知识""东京都的举措和应对措施""防灾相关连接"为组成板块,按照不同灾害类型分门别类(地震、火灾、洪水、火山爆发等),向居民系统、全面、详实地展示了普通社区及民众如何有效防范危机时刻的基本知识、政府应对举措及资源连接等内容,其中"了解、学习防灾知识"板块包括防灾新闻、防灾手册下载(《东京生活防灾》《东京防灾》)、东京都防灾App下载、东京都防灾模拟考试、发生灾害时的行动、日常的准备、防灾设施、通过宣传册了解防灾知识、市民的储备推进计划、提高地区的防灾力等细分内容;"东京都的举措和应对措施"板块包括活动研讨会等、东京都的举措、发生灾害时的行动和准备、相关连接、灾害信息和响应状态、防灾专题等细化内容,每一个细分模块中都有非常详实的介绍,并附有很多灾害风险地图。可以说,一个网站对全市应对所有灾害风险的基本知识、发展情况、应对措施"一网打尽",任何一个居民通过这一网站就能够了解全市所有社区的灾害风险情况,以及家庭和个人有效应对所有重大突发灾害的基本知识、技能和信息。这种高度透明、全面系统的网络化危机公共信息披露和知识供给,为提升东京和基层社区的韧性治理、高效能治理注入了强大的支撑力量。

二、完善社区灾害监测与灾害预警等智能化支持系统

东京社区在应急治理中采取了多种智能化措施,以下是一些具体的例子:

---

① 《疫情视角下的东京综合防灾经验借鉴》,载上观新闻,http://www.jfdaily.com.cn/sgh/detail?id=845613,2022年9月5日。

一是智能监控系统：东京的一些社区安装了智能监控系统，这些系统集成了高清摄像头、传感器和人工智能算法。通过这些设备，社区管理者可以实时监控社区内的各种活动，包括人员流动、车辆行驶等。当系统检测到异常行为或潜在的安全隐患时，它会立即向管理人员发送警报，以便他们迅速采取应对措施。

二是紧急预警系统：在自然灾害或突发事件发生时，东京社区的紧急预警系统能够迅速启动。这个系统利用大数据和人工智能技术，对各类灾害信息进行实时分析，并预测可能的影响范围。一旦确定存在紧急情况，系统会通过手机短信、社交媒体等多种渠道向居民发送预警信息，提醒他们采取相应的防护措施。

三是智能调度系统：在应急响应过程中，东京社区采用智能调度系统来协调各方资源。这个系统能够实时掌握救援队伍、物资储备等应急资源的情况，并根据灾情的发展进行智能调度。通过优化资源配置和救援路径，系统能够确保救援工作的高效进行，最大程度地减少灾害损失。

四是智能救援装备：为了提高救援效率，东京社区还引入了智能救援装备。例如，一些社区配备了无人机和机器人等智能设备，这些设备可以在复杂环境下进行搜救工作，减少救援人员的安全风险。同时，这些设备还具备夜视、热成像等功能，能够在恶劣天气或夜间等不利条件下进行救援行动。

上述智能化措施不仅提高了东京社区应急治理的效率和水平，而且增强了居民的安全感和满意度。通过不断引入和应用新技术，东京社区在应急治理方面取得了显著的成效，为其他城市提供了有益的借鉴。

三、探索先进技术在社区危机中的智能化应用场景

东京近年来大力推进数字化转型治理工作，不断深化数字技术在社区防灾减灾中的深度应用，旨在提升基层安全韧性水平。在《东京防灾规划2021》中，提出结合数字化转型工作，推进人工智能、物联网、大数据等先进技术在防灾领域的全过程应用，以优化灾前防灾准备工作有效性、提高灾时应急响应效率、促进灾后快速恢复重建，提出了包括灾前预防（道路三维数字化+图像 AI

视觉诊断和管理;在线防灾研讨会等提高当地社区和企业的防灾能力;公私合作数据平台构建数字孪生,并将其用于防灾领域;生命线系统物联网监测,快速检测灾时受损和运行情况;多功能井盖信息共享,防止雨天发生溢流污染;完善监控点位布局,提高信息监控和实施传播能力等)、灾中应对(灾害信息系统与其他系统连接并部署平板电脑终端等加强初期应急响应;使用无人机对海岸保育设施进行远程巡查,并优先进行修复工作;完善应急避难场所信息收集并通过 App 等途径传播;利用无人机开展水源、林地等灾后破坏情况;加强应急临时住宿设施的入住情况监测,保障灾时滞留人员的快速安置;部署无人机应急货运系统;利用 AI 分析等技术,加强水位与闸门智能联动控制;加强应急通信保障,确保灾时也可顺利访问网络信息)、灾后恢复重建(应对多语言环境需求,开发不同语言的志愿者与应急避难场所的匹配系统,支撑快速部署;推进建筑的灾害影响证书数字化,快速指导开展灾后重建;为在东京的外国人使用多语言咨询导航提供在线专业咨询;通过引入无现金救灾捐款来提高便利性)在内的 20 个典型智慧化防灾应用场景[①],为全市和基层社区的高效能危机治理提供辅助决策,保障基层社会应对危机的安全韧性能力。

[①] 刘龙:《预案式·智慧化·谋转型·促共治——〈东京防灾规划 2021〉解读》,《城市瞭望》2023 年第 50 期。

第六章
提高超大特大城市基层社会治理效能的重大策略

基层治理是国家治理的基石。党的十八大以来,以习近平同志为核心的党中央高度重视基层治理,提出了一系列加强基层治理的新战略、新思想、新举措;党的二十大报告强调,"坚持大抓基层的鲜明导向","健全共建共治共享的社会治理制度,提升社会治理效能","建设人人有责、人人尽责、人人享有的社会治理共同体",这对持续深化基层治理改革、持续提升治理效能提出了新要求、新目标。我国诸多超大特大城市作为经济社会发展的重镇,近年来在中央政策指导下,围绕提升基层治理效能推行了许多卓有成效的改革,积累了很多成功的经验与典型案例,同时也面临着诸多制度性瓶颈和难题,超大特大城市提升基层社会治理效能还有很大的努力空间和改革潜力。对此,笔者提出以下改革创新的路径和策略。

第一节 制定清晰的基层功能定位与治理目标

街道和居委会在城市管理体系中处于最基层、最末端、最敏感的地位,它们与群众的联系最为紧密,是群众诉求的重要渠道。它们的功能定位与基层治理效能之间存在着密切的关系。前文所述,随着城市经济的蓬勃发展和人民生活水平的不断提升,我国超大特大城市纷纷对街道和居委会的功能定位作出了新的改革探索,但进程不一、定位不一,基层所承担的社会治理目标也不尽一致,从整体上对提升基层治理效能带来了潜在影响。尤其是当今,随着

上海城市治理报告(2024—2025)：提升超大城市基层社会治理效能

基层治理的不断细化、多元，街区、微网格、社区(镇管社区)、基本管理单元等新型治理空间开始进入基层范畴，功能定位不清、目标不清，更容易导致基层治理的复杂化和低效化。据此，笔者认为，依法明确街镇、居委会、街区、微网格、基本管理单元等不同治理单位的功能定位和治理目标，就成为提升基层治理效能的首要战略议题。

一、依法回归并明确城区街道的公共性治理职能

在推进国家治理现代化背景下，街道管理体制具有前所未有的重要性，成为提升城市基层治理效能的"锁孔"，而街道办事处作为其组织载体，则成为分析问题的重要切入点。[①] 根据2022年修订后的《中华人民共和国地方各级人民代表大会和地方各级人民政府组织法》[②]和有关法律法规的规定，乡、民族乡、镇的人民政府是国家行政序列中的实体政府机构，具有相对清晰的行政功能定位及职权清单，需要对辖区的经济社会发展实施综合管理，推动经济增长与发展尤其是其核心任务之一；街道办事处则是市辖区、不设区的市的人民政府设立的派出机关，在本辖区内办理派出它的人民政府交办的公共服务、公共管理、公共安全等工作，依法履行综合管理、统筹协调、应急处置和行政执法等职责，反映居民的意见和要求，对基层群众性自治组织的工作给予指导、支持和帮助。可见，街道办事处作为市辖区、不设区的市的人民政府的派出机构，《中华人民共和国地方各级人民代表大会和地方各级人民政府组织法》对其应承担的职能作出了"公共服务、公共管理、公共安全"以及"指导基层群众

---

① 刘杰：《"政权化"的张力：我国城市街道管理体制的变迁逻辑及其效应》，《天津社会科学》2023年第6期。
② 第76条：乡、民族乡、镇的人民政府行使下列职权：（一）执行本级人民代表大会的决议和上级国家行政机关的决定和命令，发布决定和命令；（二）执行本行政区域内的经济和社会发展计划、预算，管理本行政区域内的经济、教育、科学、文化、卫生、体育等事业和生态环境保护、财政、民政、社会保障、公安、司法行政、人口与计划生育等行政工作；（三）保护社会主义的全民所有的财产和劳动群众集体所有的财产，保护公民私人所有的合法财产，维护社会秩序，保障公民的人身权利、民主权利和其他权利；（四）保护各种经济组织的合法权益；（五）铸牢中华民族共同体意识，促进各民族广泛交往交流交融，保障少数民族的合法权利和利益，保障少数民族保持或者改革自己的风俗习惯的自由；（六）保障宪法和法律赋予妇女的男女平等、同工同酬和婚姻自由等各项权利；（七）办理上级人民政府交办的其他事项。

第六章 提高超大特大城市基层社会治理效能的重大策略

性自治组织开展居民自治"的法律规定,这为街道管理体制改革指出了明确的努力方向。

实际上,我国超大特大城市在长期基层治理实践中,在国家尚未修订地方政府组织法之前,一直围绕着街道到底该不该承担辖区经济发展职能进行基层体制的改革创新,有的超大城市通过制定新版街道办事处条例的形式,依法剥离了街道原有的经济职能,依法确立了街道主要承担"三公"的核心职能,同时还赋予了街道更大的综合管理职权,旨在推动街道把工作重心放在基层社会治理上,为人民群众创造更加安全稳定、和谐安宁的社会环境。现在看来,这些率先推动基层街道体制改革的超大城市的基层体制改革经验,被国家的地方政府组织法充分吸收借鉴,上升为指导全国各大中城市街道体制改革的行动指南。这是地方经验上升为国家战略的典型代表。即便如此,并不是说我国所有超大特大城市街道的功能定位都已经自动到位了,作为拥有立法权的城市,各自在对国家政策的执行过程中依然存在职能定位不尽一致、存在泛化倾向,甚至仍然开展招商引资履行经济职能等现象和问题。这些情况和问题的存在,是我国以经济建设为中心、追求高速经济增长的特定时期的必然结果。超大特大城市作为带动国家和区域经济发展的核心引擎,尽管治理效能不一定很高,但其做法的确对促进城区经济的繁荣发展、创造就业岗位、改善居民收入水平等发挥了不可忽视的作用,但随着我国经济社会主要矛盾发生显著变化、经济发展进入高质量发展、全面推动国家治理体系和治理能力现代化、全面贯彻实施以人民为中心的新战略、统筹发展和安全的新时代新阶段,尤其是随着超大特大城市风险不断增加、人民生活水平持续提高、公共参与意识蓬勃发展、居民对美好生活充满期许的当下,街道作为高度城市化地区的治理主体,在强调基层政权建设的同时理应彻底摒弃传统的招商引资和发展经济职能,及时回归辖区管理服务主体的职能定位,真正突出"以人民为中心""以人为本"新理念,整合履行好公共管理、公共服务、公共安全的核心职能,无疑是全面提高基层社会治理效能的"枢纽"和不二选择。建议全国尚未完成街道职能改革重塑的其他超大特大城市,在高效贯彻执行新版地方政府组织法的基础上,加快推动街道体制的改革重塑进程,全面打造与"提高基层社会治理效能"相适应的街道体制新格局。以街道职能重塑为依据和基础，同步明晰街区、基本管理单元、微网格等新型治理单元的职能定位，为全方位提高基层社会治理效能注入新的动力，释放基层活力。

二、重塑旨在创建人情社会的服务型居村委

社区居村委作为中国城市居民家门口的基层治理单位，与广大人民群众保持着最紧密的关系，其"城市居民或农村村民自我管理、自我服务、自我教育、自我监督的基层群众性自治组织"的法律定位，决定了其理应成为真正面向居民群体、为民解决生活中烦心事揪心事、团结带领开展自治活动的有效载体，其服务能力、组织动员水平，直接反映居民的满意度和基层治理效能的高低。但众所周知的是，在我国特有的行政体制格局下，超大特大城市居民委员会的行政化、内卷化倾向依然延续，无法促使居委会从根本上成为居民自己的组织，这成为影响基层社会治理效能提高的一个关键因素，尤其是在重大公共危机面前，与居民关系最近的传统居委会表现出诸多意想不到的体制性约束问题。但需要指出的是，在上海新冠疫情防控长达两个月的史无前例的全域静态管理期间，上海社区场域异军突起的居民互助力量和居民志愿者力量，不仅有效补充了居委会工作的不足，让许多市民重新体验到了邻里的温情和价值，同时也让那些从未体验过邻里互动的年轻人得以深刻体验邻里守望的价值，还促使不少市民开始关注"何为社区""何为居委会""何为居民自治"等平日被绝大多数人所忽视的问题。[①] 因此，在继续遵循《城市居民委员会组织法》第二条关于社区居委会是"居民自我管理、自我教育、自我服务的基层群众性自治组织"功能定位的前提下，继续深化社区居委会的综合改革与探索，破解居委会行政化、内卷化的体制难题，让居委会真正成为立足当地、眼睛向下、面向居民、走百家门、知百家情、解百家难、暖百家心，及时掌握居民所需、所想、所忧、所盼的高效能自治型服务组织，学习借鉴在20世纪五六十年代城

---

① 俞祖成、丁柯尹：《论社区居民的权利与义务关系——基于上海社区治理实践的观察》，《上海大学学报（社会科学版）》2023年第5期。

市社区的传统群众工作方法及现代数字化治理手段,将社区治理、民生保障、居民自治有机结合,重塑新时代城市社区的"熟人社会"和"人情社会",及时发现问题需求、掌握社情民意,把工作做在群众"开口"之前,真正把居委会建在群众"心坎上",成为我国超大特大城市提升基层社会治理效能的必由之路。

三、统筹制定效能导向的基层社会治理崭新目标

制定必要的目标考核,是做好各项工作的重要抓手,也是提升基层治理效能的重要工具。但在国家治理系统化和多目标治理的转型进程中,基层承担了更多来自上级或条线部门的多个刚性目标考核,使得基层承担的各项任务越发繁重,治理模式转型进度远远不能适应实际需要,出现目标打架、多头重复下达、层层加码等乱象。在"既要、又要、还要"的多重目标下,基层面临"一难、两难、多难"等复杂局面,又因实际能力与目标要求不匹配,出现诸多不适应现象。近年来,随着基层治理现代化建设方略的推进,基层治理共同体、全过程人民民主、治理效能等议题又开始进入考量基层治理成效的价值目标,但尚未形成完整、科学、规范的目标体系和考核办法。换句话说,街镇、居村委等基层治理主体,在想方设法、费尽心机地完成多个上级部门的刚性指标考核要求的做法,对实现基层治理的整体目标到底发挥了多大功效?抑或基层社会治理到底应该追求什么样的目标?如何评价基层治理目标的实现程度?基层治理得好不好,做到什么程度,谁说了算?都是尚没有现成答案的现实困境问题,这些是真正制约基层社会治理效能提高的核心所在。因此,对超级复杂的超大特大城市而言,在重塑和回归基层治理主体功能定位的基础上,依法明确基层治理主体所应承担的治理责任,统筹制定更加明确、清晰的治理目标,指明基层社会治理的努力方向,成为切实提升基层治理效能的关键所在。如今,基层社会治理在目标多元、重复、刚性的情况下,建议我国超大特大城市率先制定实施基层社会治理效能评价指标体系,把来自多个条线部门的所有治理任务和目标要求统筹整合进统一的基层治理效能目标体系之中,明确基层提高治理效能的着力点、突破口、关键处,引导基层治理主体开展问题导向、目标

导向、结果导向的治理方略，不断提升治理效能，让基层群众的获得感、安全感和幸福感更持久、更明显。

第二节　科学设置基层治理单元及资源配置

在治理资源有限的情况下，基层治理单元的划分和资源配置方式，直接决定着基层治理效能的高低。针对不够科学、不尽合理的基层单元或政区设置体系以及传统的资源配置方式，超大特大城市需要对基层治理单元进行科学的划分与设置，要切实解决"基层治理单元过大""规模差距悬殊""资源空间错配"等问题，在推动基层治理单元的均衡发展中稳步提升基层社会治理的整体效能。具体改革策略，包括如下四个方面。

一、深入推动基层街镇区划体制改革与调整

街道办事处和镇作为城市基层治理的两类主体场域，其政区体系的科学与否，会对基层治理效能带来直接或间接的影响，尤其是我国超大特大城市普遍存在的"街道规模差距悬殊""超大镇"等现象及问题，除了在给基层治理带来巨大压力和负担的同时，往往也会形成治理资源浪费和紧缺并存的局面，从而不利于整体效能的稳步提升。因此，各超大特大城市根据自己的发展特征和实际情况，在国家体制规定的制度范围内（如有些超大城市是直辖市，即便其城郊地带的超级城镇已经达到一个小城市或中等城市的规模和水平，但囿于法律规定"直辖市不能实行市辖市体制"，无法进行镇改市），顺应信息网络时代并发挥数字治理的新优势，按照扁平化、高效化的原则，统筹制订具有前瞻性的全市行政区划战略发展规划，为未来行政区划的高效能治理指出明确的发展和改革方向，为提升基层治理效能夯实政区制度基础，也为构筑现代国际大都市政区体系提供必要的改革依据。当下，为了更好适应全面提高基层治理效能的战略紧迫性，应该通过区、街镇区划联动改革的方式，在全面进行社会调查研究和科学论证的基础上，积极稳妥地推动街道、镇级区划的合并或拆分调整，对中心城区人口过多、面积过大或过小的街镇，都可以进行合理适

度的区划调整,该合并的可以合并,该拆分的就应该拆分。一些超大城市在开展基本管理单元试点已经成熟的地方,要及时设立新的街道,从而解决好"超级大镇"面临的诸多治理难题。总之,要通过区划调整改革,努力解决当今不同街镇之间规模差距过于悬殊的问题,为提高基层治理效能注入制度创新的动力和活力。

二、稳步推动社区居委会规模的适应性调整

相对城市而言,社区居委会虽然属于群众性自治组织,但在我国特有的行政体制格局下,其实际上也是一个具有明显行政边界的封闭性治理空间,抑或属于我国最基层的城市型政区类型。作为基层治理的"最后一公里"或"最后一百米",社区居委会的管辖范围和规模更是影响基层治理效能的决定性因素,一个拥有数万人、几千户的居委会和拥有几百户的居委会之间,即一个居委会工作者服务几千人和服务数百人的差距格局,其治理效能自然不可同日而语。规模过大、户数过多的居委会,自然难以实现精细化管理和精准化服务,更无法实现高效能治理。针对我国超大特大城市普遍面临居委会规模差距过大、治理效能无法保障的现实状况,最紧迫的改革之举依然是根据《城市居民委员会组织法》相关规定,加快制定具有指导性和可操作性的《××市居民委员会工作条例》《规模较大的居委会拆分的工作指引》等法律规范,制定切合实地的居委会规模调整标准、基本原则及操作流程,紧密结合城市自身实践及各区的综合条件,在实施街镇区划调整的同时,对全市现有居委会规模同步开展"拆大并小"的优化调整工作,确保将每个居委会的管辖及服务居民户数控制在1000户左右,从而消除许多超大规模居委会面临的治理低效问题。实际上,为有效防范新冠疫情,上海、北京等超大城市从2021年开始,着力推行了居委会规模的优化调整工作,已经取得了较好的改革成效,建议其他超大特大城市积极学习借鉴上海、北京的经验做法,按照因地制宜的原则,制订科学合理的居委会规模优化调整方案,稳步推进改革,更好适应提高基层治理效能的基本要求。

三、因地制宜探索最小最优基层治理新单元

根据地理学中的尺度思维,顺应基层社会结构和公共事务的发展变化,在原有纵向行政区划体系的基础上,适时创新重组各类不同尺度的新型治理空间或方式,解决单层级、单区域、单部门无法解决的跨界治理难题,几乎是所有空间治理创新的一个重要改革路径,也应该是超大特大城市提高基层治理效能的一个重要改革突破口。从人口规模巨大的中国式现代化特征、超大特大城市基层复杂体系特点及中国行政体制传统来看,为了进一步提升基层治理效能,需要在传统的城市街—居体制框架内,以居委会为中心,在向上、向下两个方向上进行治理尺度的重组创新:向下而言,基层治理的重心还应该继续下移,以居民小区为基准,做实做强基层民众家门口、"最后一百米"的"微网格",织密细化基层治理的颗粒度,夯实基层治理效能的根基;向上而言,单个居委会的治理权限可以适当上收归整联动,以若干相邻居委会联合为抓手,打造隶属于街道或镇的基层共治街区,加大资源整合共享,提高服务效率,降低治理成本。对此,我国部分超大城市已经作出了有益的探索实践,很有复制推广的价值和意义。具体而言,主要应做实、做优、做强以下两个治理新单元。

（一）全面构筑以居民小区为载体的微网格及治理体系

进一步做实微网格的具体办法包括以下几个方面:

一是明确微网格的职责任务。根据城市特点和治理需求,对微网格进行明确的职责划分和任务定位。例如,微网格可以突出社区发展治理的"民生高线",侧重于居民自治服务,包括居民需求收集、问题解决、社区活动组织等。同时,防止微网格职责的无序扩张,确保其能够集中精力处理关键问题。

二是加强党建引领。党建引领是推进微网格治理的关键。可以通过设立网格党组织,在居委会参与指导下理清并制定实施"微网格党组织、物业、业委会"之间的职责边界和任务清单,落实党建引领和多驾马车并驾齐驱的相关机制,以强化微网格的核心领导和统筹能力,解决好、治理好居民居住小区的家门口公共事务。

三是强化资源聚合。通过契约化共建的方式,聚合社区、学校、医院、市场

主体等各方资源,共同参与到微网格的治理中。制定服务清单、项目清单和需求清单,回应居民诉求,改善民生,解决社区治理需求。

四是优化微网格队伍。选拔和培养具备专业素养和社区情怀的微网格员,通过培训和激励机制,提升他们的服务能力和工作积极性。同时,明确微网格员与专职网格员的职责边界,避免工作重叠和资源浪费。

五是完善微网格技术支撑。利用现代信息技术手段,如大数据、人工智能等,提升微网格的智能化水平。例如,建立微网格信息平台,实现信息共享和快速响应;开发移动应用,方便居民与微网格员的互动和沟通。

六是加强微网格监测评估。建立完善的微网格监测评估体系,定期对微网格的运行情况进行检查和评估。通过收集居民反馈、数据分析等方式,及时发现问题和不足,并制定相应的改进措施。

(二)构筑相邻居委会跨边界的新型街区治理共同体

对此,上海、深圳等超大城市部分街道,积极重构基层组织体系,探索形成了"街区治理""片区责任制"等新模式,构筑了更加高效合理的街区、片区这一基层治理新单元,取得了一定的成效。为此,建议全国其他超大特大城市,积极借鉴上海、深圳等城市的有效做法和经验,在街道党组织的坚强领导和统筹谋划下,根据基层跨界治理的现实需要,选择若干相邻居委会,积极探索和适度打造更加高效的新型街区治理单元,通过打造街区治理共同体更好将资源、管理、服务落下去、整起来,解决好原来网格治理"网眼大、罩不住""社区网大、事多、人少"等问题,实现多网合一、上下贯通、资源集约、治理高效。在具体方法上,重点需要做好如下几点:

一是发挥党组织在基层治理中的战斗堡垒作用。首先要凝聚街区党员形成合力。为解决街区党员流动分散、管理难度大的问题,在街区组建党支部,设立党建联盟与街区党群服务站,围绕居委会、居民、商户等最关心、最直接、最现实的需求,通过党建联盟整合资源,形成教育、医疗、金融、就业等方面的诸多实施项目,打造完善的党群服务阵地。

二是建设街区治理工作站,提升街区服务能级。工作站应该围绕"15分钟社区生活圈",通过对接街区内外的多元化服务供给主体、组建服务志愿者团队等方式，为街区居民、商户企业、新就业群体等提供形式多样、实用高效的贴心服务，更好满足不同群体对美好生活的期待和需求，提高街区居民的生活品质。

三是践行"全过程人民民主"理念。通过设立街事会制度深化街区议事协调机制，鼓励居民、商户等成为街区治理"主理人"。比如，主要面对商户的街事会成员由商户代表推荐、选举产生，每月定期会商，共同设置街区治理的重大议题，共同研究解决街区治理碰到的顽症难题，明确街区重大事项必须提交街事会商议，提升商户参与自治的意愿，有效提升街区生态活力。

四是积极培育街区发展中心等社会组织，构建"街区共生联盟"，招募属地居民、专家学者等资源，推进具有地方特色的社区街区共生计划。深度挖掘"墙外"资源，发展"街区合伙人"，让居民感受到街区治理带来的新风貌，见证街区化身为有温度、有热度的共治街区。

四、坚决推行以实有常住人口为依据的资源配置

社区工作者人少事多、人手不足，是我国超大特大城市基层社会治理中的一个普遍性问题，也是影响治理效能的关键因素。究其产生原因，在于传统的按照户籍人口进行治理资源配置的方式。因此，加大基层治理资源配置方式的改革创新，尤其是实行以社区实有常住人口为依据进行人力资源配置，让社区工作者与其服务人口规模之间保持一个相对平衡、适度合理的格局，对进一步提升基层治理效能具有决定性作用。对此，上海、北京等超大城市作出了积极探索。例如，上海一些城区，在对基层社工的配置上，充分考虑社区实有人口数量和治理需求，推行差异化的人力配置方式，在一定程度上缓解了一些基层社区人手紧张的问题，如 2023 年浦东新区出台了社区工作者激励关怀 15 条，根据社工不同类别，采用不同额度配置办法，即针对街镇中心社工额度，按照街镇规模大小（区域面积、常住人口）实施分档核定；针对居民区社工额度，按照居委会管辖户数规模实施标准化配置，一般 500—2 000 户的居民区安排 5—11 名社工。调整后浦东新区社工总额度约 2.5 万名，相较原先 1.8 万名社工额度，增加了 7 000 多名。按照中央关于每万城镇常住人口社工配置不

少于 18 人的标准，浦东新区目前实有力量配置已经达到 20 人，基层人力保障大大加强。这一有效做法为我国其他超大特大城市基层社工力量的科学化配置提供了很好的经验借鉴，在复制推广该经验的同时，也可以探索与社区老龄化、外来人口等人口结构、社区需求相适应的基层治理力量配置新模式，从根本上解决基层治理中的人力缺乏问题。

第三节　以制度化建设推动基层减负增能增效

当下基层负担过重，已经是一个众所周知的问题，也是影响基层治理效能的重要因素。整治官僚主义、形式主义，切实为基层减负，已经是党中央高度关注、推进国家治理体系和治理能力现代化的重大施政方略。2024 年 3 月 18—21 日，习近平总书记在湖南考察时再次强调"党中央明确要求为基层减负，坚决整治形式主义、官僚主义问题，要精兵简政，继续把这项工作抓下去"，"这种状况必须改变"，"要把干部从一些无谓的事务中解脱出来"，"让基层干部从繁文缛节、文山会海、迎来送往中解脱出来"，彰显了破除顽瘴痼疾的坚定决心和关爱广大基层干部的深厚情怀。[①] 对此，上海、北京等超大特大城市出台一系列有效制度举措，进行了较大力度的深化改革，取得了显著成效。但调研表明，由于基本制度建设普遍滞后，总体上来看，超大特大城市基层依然承受着许多显性和隐性负担。过重的基层负担减不下来，提升基层治理效能的目标将会成为空中楼阁。对此，笔者提出基层减负增能增效的基本制度规范体系，健全基层减负增能常态化机制，旨在从根本上解决基层负担过重的现实难题，扎实推进基层治理体系和治理能力现代化。

一、建立健全基层协助行政事务准入审查机制

政府上下级之间的职责不清、边界不明，是上级数十个职能部门源源不

[①] 黄玥、周楠：《为基层减负，总书记态度坚决》，载央广网，http://news.cnr.cn/native/gd/sz/20240322/t20240322_526635661.shtml，2024 年 3 月 22 日。

断地给基层转嫁各类任务的主要原因,因此,在健全边界清晰、分工合作、权责一致、运行高效的基层管理体制的基础上,建立健全基层行政事务的准入审查及把关机制,把上级各部门随意给基层下放各种事项的权力关进制度的笼子,切实增强对减负工作的统筹力,是超大特大城市切实推动基层减负的根本所在。

（一）建立健全为基层减负的三级联动机制

建议全国各大城市借鉴北京、上海等超大城市的做法经验,积极构建基层减负的三级联动机制,为切实减轻基层负担提供强有力的组织保障。在市级层面,建立以市委主要领导为组长的居村委减负工作领导小组,高位推动。办公室可依托市委办公厅或党建领导小组办公室,承担减负工作总体牵头、统筹调度、日常协调和督促检查职责。各专项事务可按考核、协助事项、证明清单、台账报表、信息系统等,分别建立由组织、民政、经信委等部门具体牵头的专项工作组,市司法局、市政府办公厅、市委编办、市农业农村委等部门参与,对下沉事务的合法性、合理性和必要性进行审核。区一级参照建立相应工作机制,负责区级减负工作,重点对区级部门新增事务实行准入管理和规范清理;街镇一级要有专门力量负责,重点对各条线下沉居村的工作、会议、系统、台账报表进行整合、归并与转化,减少居村重复多头劳动。市、区、街镇要三级协调联动,形成一级抓一级、层层压、层层减的工作机制,加大减负工作力度。

（二）建立准入行政事务的备案审核机制

对于要求居村委协助的事项,须于每年年初向领导小组办公室申请,通过合理性、合法性审查后,方可纳入相关清单。对于时效性要求较高的临时性、突发性行政委托事务,可经准入管理机制的牵头部门备案后,下沉到居村委;对于特别紧急、亟须处理的行政委托事务,可以走"绿色通道",先下沉后备案。事项备案前,须将听取街镇、居村意见作为必经程序,由街镇协会、居村协会出具行业意见。

（三）建立下沉事务清单管理制度

对于每年年初审查通过的下沉社区工作事项,由领导小组办公室统一制定,按照"以公开为常态,不公开为例外"为原则,发布本市居村委会协助事务清单、考核评比项目清单、印章使用范围清单、台账报表清单。未列入上述清单的,居村委可以拒绝办理。

二、建立健全基层工作的基本制度规范体系

台账报表、信息系统和印章等很大程度上是下沉事项的外显形式,是考核排名倒逼下的应对之策,需要建立健全清晰明确的操作规范和规章制度,以减轻基层的实际工作负担。

(一)细化规范证明事项出具方式

在对照国家"不应由基层群众性自治组织出具证明事项清单"进行全面清理压减的基础上,建立健全居村组织出具证明工作的规范化制度和长效机制,明确出具证明的时限、用途、流程和依据,提供统一规范的表单样本。能够依托市大数据中心进行数据共享,采取网上核验、主动调查、告知承诺等方式可以获取的、居村组织没有能力核实的证明事项,一律予以取消。联合银保监局、证监局等,开展银行、保险公司等金融机构要求居村委出具证明专项清理行动。

(二)规范台账报表

建议由市政府办公厅(大数据中心)、市经信委牵头,按照应减尽减的原则,梳理市、区、街镇要求居村填报的台账报表,整合内容重复、形式雷同的表格,简化并规范填报字段,严控填报频次,能够提供电子台账的不再要求提供纸质台账,居村委只负责填报职责范围内、直接服务居民且专业性不强的表格。

(三)优化整合信息系统

加快建设全市统一的基层治理数字化平台,整合居村信息系统。优化填报方式,完善数据更新机制和功能,持续防范过度打卡填表等形式主义倾向。

(四)统筹精简考核创建

依法规范检查考核数量和频次,改进检查考核方式方法,推动部门间检查考核结果互认互用。探索有利于居村减负、多方平衡的综合考评体系,督促推动条线部门区分轻重缓急,因地制宜、分类精准考核,避免一刀切和随意加码。完善以居民群众满意度为主要导向的居村工作评价体系,提升居民群众民主

评议满意度结果在评价体系中的权重,降低条线部门考核的权重,推动居村组织更多更好地开展群众工作。

三、建立健全多部门信息共享与数字化赋能机制

建议由市政府办公厅(市大数据中心)、市经信委牵头,通过数字化技术支撑,提升减负效能。夯实数据基础,以居村委日常排摸、积累、使用的数据为基础,加强数据整合、标签管理,构建基础数据动态更新的数字底板。优化社区人房数据与公安"一标三实"信息的双向比对和同步共享,提高社区基础要素的准确度和时效性,为反哺居村和广泛应用打牢基础。推动系统整合,做实"统一入口",推进下沉社区信息系统的整合和衔接,细化数据标准和共享规则,实现互联互通。开发减负智慧报表,经过归并整合的台账报表,从系统自动匹配和录入已有数据信息,再下发居村委,居村委只需填报新增事项或更新事项,切实减少重复填报、冗余信息和疏漏差错。强化场景应用,鼓励区和街镇探索拓展应用场景,积极推动建立各类与居民密切相关的民生服务接入基层统一信息平台,实现"政策找人"。

第四节 实施全过程人民民主的社会参与

在党建引领下,按照践行全过程人民民主和人民城市新理念,建立健全人人参与、人人奉献、人人尽责的基层社会治理共同体,让人民群众真正成为基层治理的有效主体,改变政府包揽一切的管理模式,是提高超大特大城市基层治理效能的必然选择。重点需要建立健全人民群众参与基层公共事务、协商共治的渠道、载体和平台,切实形成"众人的事情,大家商量着办"的良好氛围,在社会多主体协商共治中不断提升基层治理效能。

一、建立健全公众参与协商的有效载体和平台

遵循全过程人民民主理念,积极搭建多元化的协商平台,有效拓展公众参与基层治理的渠道,畅通群众利益诉求,并以制度化的方式固定下来,进一步

拓宽公众参与的广度和深度,有利于改变基层社会治理手段单一、资源匮乏的状况,从而助推基层治理效能的提升。

(一)创新性建立健全和运用"三会"制度

"三会"制度是20世纪90年代末在上海市黄浦区五里桥街道一些社区自发萌生的社区治理创新成果,其主要内容是在基层党组织领导和街道、区有关职能部门支持下,由居委会主持召集的居民听证会、协调会和评议会,现已成为国家向全国推广实施的重要经验模式之一。实践表明,这是一项富有创新示范和引领效应的基层实践探索,对提升基层治理效能具有十分显著的作用。建议全国其他超大特大城市在学习借鉴上海经验的基础上,充分结合各自城市基层治理的特点和特色,创造性地建立健全多样化的公众协商治理平台,如通过联席会议、民情恳谈、议事协商等制度化平台,广泛听取民意、汇集民智,打造发现问题、快速流转、分类解决的治理闭环,统筹解决群众所需所急,形成优势互补、资源共享、协同共治的格局。

(二)建好用好基层立法联系点平台

党的二十大报告对"发展全过程人民民主,保障人民当家作主"作出全面部署,特别强调要"健全吸纳民意、汇集民智工作机制,建设好基层立法联系点"。为此,全国超大特大城市的立法部门要搭建好、应用好确保基层群众行使知情权、参与权、表达权、监督权的这一有效平台,编制《基层立法联系点中长期发展规划》,聚焦提高立法质量和效率,将基层立法联系点工作与人大代表之家、代表联络站等民主民意表达平台和载体有机结合起来,不断拓展基层立法联系点在立法、执法、司法、普法、守法等多方面的功能,推动基层立法联系点工作不断创新发展,推动全过程人民民主实践提质增效。

(三)构筑网络参与平台,推动线下与线上结合

在畅通线下参与渠道的同时,善于把大数据、人工智能等现代科技手段与基层社会治理深度融合,促进社会沟通,改进管理和服务。开发建设网上办公系统、专门应用程序等平台,形成微端融合、服务联动的智慧政务网,让群众通过手机、电脑等终端参与讨论、投票、监督等活动,不断提高基层社会治理效能。

二、完善激发公众参与基层治理的基础制度

切实保障群众有效参与基层社会治理,需要完善相应制度,完善配套性政策体系,充分激发公众参与基层治理的内生动力。

(一)健全相关法律规范

有关法律规范应明确群众参与基层社会治理的权利和义务,统一和规范赋权事项、参与形式、实践流程等,明晰基层政府、社会组织、公民个人等治理主体的权责关系、职能范围,厘清权力(权利)边界,使群众参与基层社会治理有法可依、有章可循;加强基层普法宣传教育,为群众提供法律援助、人民调解等公共法律服务,提升群众法治意识和法律素养,引导其运用法治思维、法治手段化解矛盾、破解难题、维护合法权益;严格规范公正文明执法,及时回应群众诉求,保障群众权利,维护法律权威,形成良好的法治氛围,促进群众依法参与基层社会治理。

(二)健全保障公众参与的投入机制

为确保制度有效执行,需要完善投入机制,推动社会治理资源向基层下移,为群众按照法律规范参与基层社会治理提供人、财、物等方面的必要保障。[1]

(三)建立健全公众参与的激励约束机制

一方面,要继续构建参与、受益机会均等的积分制、好人奖励等包容性福利激励政策体系,合理地设置和分配物质及精神奖励,要设计更为个性化和精细化的"福利激励工具包",[2]在充分调动公众参与积极性的同时,确保广大人民群众共同平等享有参与基层治理的机会;另一方面,要创设和建立公众参与的适当约束和惩戒机制,避免基层治理中的无序参与和内耗。

三、培育扶持公益性、服务性、互助性社区社会组织

在更好发挥党建引领和政府作用的同时,如果没有多元化社区社会组织

---

[1] 杜志章:《充分调动群众参与基层社会治理》,《人民日报》2020 年 8 月 3 日。
[2] 刘文婧,左停:《公众参与和福利激励:乡村治理积分制的运行逻辑与优化路径——基于和平村的个案调查》,《地方治理研究》2022 年第 2 期。

第六章　提高超大特大城市基层社会治理效能的重大策略

的参与,同样也无法有效提升基层社会的治理效能。因此,我国超大特大城市始终要高度重视社区社会组织的培育工作,尤其是要通过加大培育扶持一批公益性、服务性、互助性的社区社会组织,以常态化、制度化引导其积极参与基层社会治理,真正实现基层社会治理社会化,帮助政府有效解决基层社会治理出现的一些堵点和难点,从而不断提高基层治理效能。重点需要强调三个方面建设。

(一)加强基层社会组织建设

以城乡社区为依托,着眼人民群众多层次、差异化、个性化的需求,建立完善政府购买服务、税费优惠减免、提高负责人政治待遇等方式,培育和发展各类服务性、公益性、互助性的社区社会组织,引导群众参与基层公共事务和公益事业,发挥其在创新社会治理、服务保障民生等方面的积极作用。

(二)稳步推动社区基金会建设与发展

目前,社区基金在我国仍属新生事物,主要在上海、成都、北京、南京、广州、深圳等地进行试点,单只基金体量从几千元到上百万元不等,通常由基金会发起设立,有自主管理、合作管理及购买第三方服务等几种模式。虽然社区基金会发展面临着诸多挑战和不足,但其在创新基层治理、提升治理效能方面的功能作用也是可圈可点的。为此,建议全国超大特大城市在总结吸收试点经验的基础上,进一步完善社区基金会的综合性配套政策体系,提高社区基金会运营的效能和水平,实现以小资金撬动大服务,用小投入激发大活力,让多元主体共同参与社会治理,切实满足社区多元需求,从而助推基层治理效能得到稳步提升。

(三)创新性发展多样化互帮互助的志愿服务组织

全民参与、广泛持久的志愿服务既是社会发达文明的主要标志,也是提升基层治理效能的重要依托。为此,建议各大城市充分依托新时代文明实践中心,继续完善促进志愿服务、慈善公益事业发展的一揽子制度和政策,不断提高全体市民参与志愿服务的比例和时长,尤其在基层治理中,围绕邻里关系、小区治理等,紧扣居民生活服务中的急难愁盼问题,大力开展形式多样的志愿服务活动,深度挖掘有热情、有能力的社区能人,支持其自主性组织开展各类志愿服务活动,在不断提升社区温度的同时提高基层治理效能和水平。

第五节　提升社工队伍整体素质和能力

人是基层治理的核心,社工队伍更是提升基层治理效能的核心要素和关键力量。针对超大特大城市基层社工队伍存在的问题和挑战,除了扩大社工额度的数量供给,更要注重社工的基层实战能力建设,尤其是增强其面对一线民众的群众工作方法和组织动员能力、应急处置能力等,是未来全面提升基层治理效能的重要突破口。因此,围绕"赋权、减负、增能"的目标,遵循"制度化、职业化、专业化、规范化、标准化"的发展方向,针对社区工作者的培训体系有待完善、激励机制有待健全、职业认同有待重塑等问题,提出为社区工作者赋能的对策建议。

一、抓培训,制订社区工作者能力建设行动计划

要把社区工作者培训成为合格的"党群社工""全能社工""专业社工""最美社工"等。

一是提升群众工作能力。包括融入群众的能力、帮助群众的能力、服务群众的能力、组织群众的能力等。学习多用群众熟悉的语言与群众沟通,乐于把好事办在群众开口之前,把实事办在群众急需之处。

二是提升应急处突能力。包括主动预判能力、迅速反应能力、掌控化解能力、信息披露能力等。学习进一步增强风险意识,提高驾驭风险的能力,更好地防范化解社区突发事件和重大风险。

三是提升专业服务能力。主要是指社区公共事务服务与管理的能力。学习如何开展社区服务,寓管理于社区服务之中。

四是提升职业伦理素养。包括爱岗敬业、诚实守信、办事公道、服务群众等。学习在处理各种社区事务时,不偏私、不歧视,公正地对待每一个服务对象。

二、抓激励,健全社区工作者的职业发展体系

对社区工作者的激励不仅仅限于物质和精神两个方面,而且要打通上升通道,拓宽职业发展的渠道和途径,激发社区工作者干事创业的热情和激情。

一是探索定向招录。区(街镇)机关和事业单位招聘从事社区相关工作的岗位,可面向社区工作者,适当放宽年龄、学历、专业等条件,扩大录聘比例,进行定向招录。另外,明确各级事业单位在招聘社会服务和管理相关职位工作人员时,优先录用具有丰富基层经验的社区工作人员。

二是探索竞争性选拔。通过竞争性选拔等方式,把符合条件的年轻优秀社区党组织书记(主任)选拔到街镇合适的岗位。同时,对从事社区工作有一定年限且表现优秀的社区工作者提供职业发展通道。

三是探索"跨界多元"。鼓励社区工作者在一定范围内(如所在街道等)到社区社会组织、志愿服务组织、(驻区)企事业单位等相关岗位上进行历练,让他们有机会承担不同的岗位职责,接触不同的服务对象,推动实现人岗匹配、人尽其才,让他们能够在自己喜欢的、适应的岗位上充分发挥才干。鼓励支持社区工作者投身公益创业项目,参与到社区服务和治理中去。此外,推动市区机关、事业单位,特别是与社区治理相关单位的工作人员到基层社区轮岗、挂职锻炼,充实社区工作者队伍。

三、抓关爱,提升社区工作者的社会认同度

对社区工作者的关心要真诚,不能流于形式和表面。

一是建立价值认同。社区工作者不仅仅是一种职业和岗位,也是实现个人自身价值的重要途径。他们在工作中充分展现个人才能,实现个人愿望,体现个人价值。

二是加强心理疏导。关注社区工作者的家庭矛盾、老人照护、子女教育等情况,以及退役军转的思想波动等。定期与社区工作者谈心谈话,了解掌握思想动态,让他们有心愿、有热情、有精力地去做社区治理的"急先锋"。

三是落实福利保障。严格将带薪休假、工会福利等相关文件落实到位,及